Safari bei Ullstein

Safari bei Ullstein
Ullstein Buch Nr. 32014
im Verlag Ullstein GmbH,
Frankfurt/M. – Berlin – Wien

Ungekürzte Ausgabe
mit sechs Aquarellen und
24 Federzeichnungen der Verfasserin
und einer Karte

Umschlagentwurf:
Hansbernd Lindemann

Printed in Germany 1984
Gesamtherstellung:
Augsburger Druck- und
Verlagshaus GmbH
ISBN 3 548 320147

Mai 1984
42.–51. Tsd.

CIP-Kurztitelaufnahme
der Deutschen Bibliothek

Ritter, Christiane
Eine Frau erlebt die Polarnacht.–
Ungekürzte Ausg. – Frankfurt/M,
Berlin, Wien: Ullstein, 1978.
([Ullstein-Bücher] Reise und
Abenteuer; Nr. 32014)
ISBN 3-548-32014-7

Christiane Ritter

Eine Frau erlebt die Polarnacht

Safari bei Ullstein

Eva Schneider

Mein Dank gilt meinem Mann,
der mit seiner Geduld und Erfahrung der denkbar beste Kamerad in der Polarwelt war. Er vereinigte beides in sich, den Instinkt des arktischen Naturmenschen und die geistige und seelische, auch künstlerische Durchbildung eines Europäers.

Christiane Ritter

Inhalt

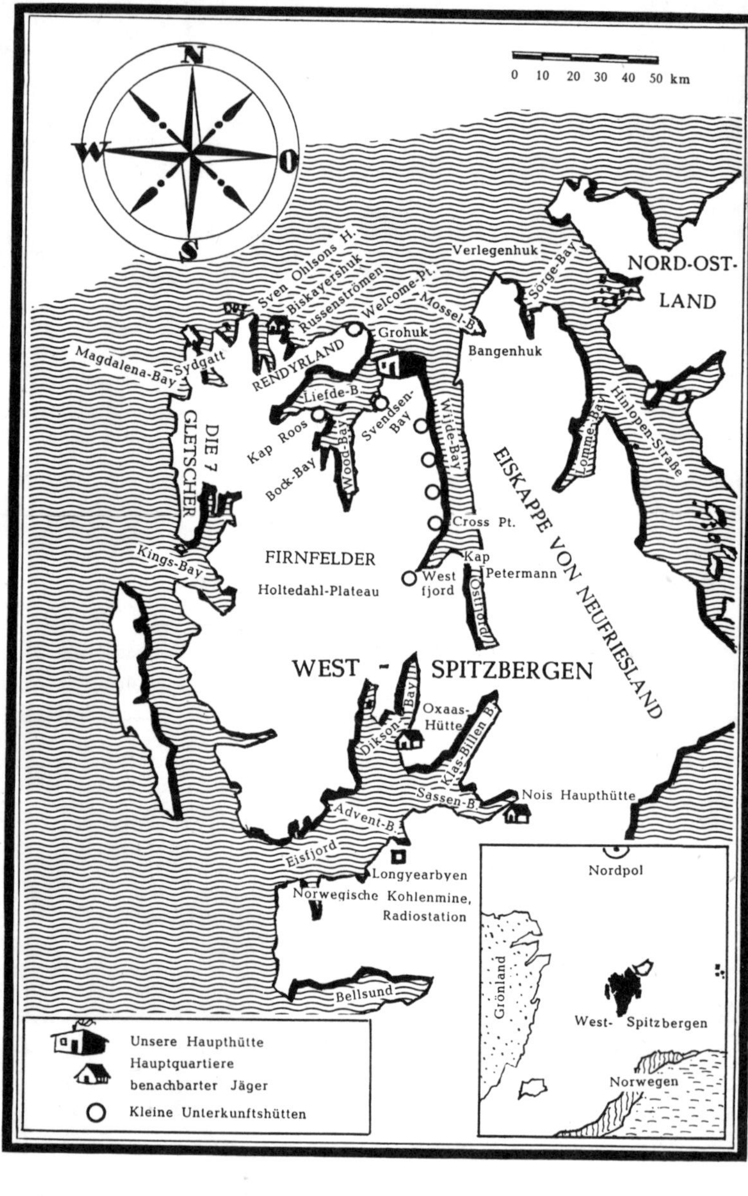
N
W
O
S
0 10 20 30 40 50 km
NORD-OST-LAND
Verlegenhuk
Sörge-Bay
Sven Ohlsons H.
Biskayershuk
Russenströmen
Welcome-Pt.
Mossel-B.
Grohuk
Bangenhuk
Magdalena-Bay
Sydgatt
RENDYRLAND
Liefde-B.
Svendsen-Bay
Kap Roos
Bock-Bay
Wood-Bay
Wijde-Bay
DIE 7 GLETSCHER
Lomme-Bay
Hinlopen-Straße
EISKAPPE VON NEUFRIESLAND
Cross Pt.
Kap Petermann
Kings-Bay
FIRNFELDER
Holtedahl-Plateau
West fjord
Ostfjord
WEST - SPITZBERGEN
Dikson-Bay
Oxaas-Hütte
Klas-Billen B.
Sassen-B.
Nois Haupthütte
Advent-B.
Eisfjord
Longyearbyen
Norwegische Kohlenmine,
Radiostation
Bellsund
Unsere Haupthütte
Hauptquartiere
benachbarter Jäger
Kleine Unterkunftshütten
Nordpol
Grönland
West- Spitzbergen
Norwegen

Die lockende Arktis

In einer Hütte in der Arktis zu leben, war von jeher meines Mannes Wunschtraum gewesen. Wenn in unserem europäischen Heim irgend etwas nicht stimmte, Kurzschluß, Rohrbruch, oder gar der Mietzins gesteigert wurde, meinte er immer wieder, so was könnte in einer Hütte in der Arktis nicht vorkommen.

Anschließend an eine wissenschaftliche Expedition blieb mein Mann in Spitzbergen, betrieb mit seinem Kutter Eismeerfang und, wenn alles vereist war, im Winter auf dem Festlande Pelztierjagd. Briefe und Telegramme kamen aus dem hohen Norden: „Laß alles liegen und stehen und folge mir in die Arktis.“

Aber wie für alle Mitteleuropäer war damals die Arktis für mich gleichbedeutend mit Frieren und Sicheinsamfühlenmüssen. Ich folgte nicht sogleich.

Doch langsam fingen die im Sommer eintreffenden Tagebücher aus dem hohen Norden an, mich zu faszinieren. Sie erzählten von Reisen zu Wasser und übers Eis, von den Tieren und dem Reiz der Wildnis, von den seltsamen Beleuchtungen der Landschaft, von der seltsamen Beleuchtung des eigenen Ich in der Weltferne der Polarnacht. Fast niemals war in den Aufzeichnungen von Kälte und Finsternis, Sturm und Strapazen die Rede.

Ich sah die kleine Winterhütte in immer freundlicherem Licht. Man mußte ja als Hausfrau die gefährlichen Touren im Winter nicht mitmachen. Man konnte ja unterdessen beim warmen Ofen in der Hütte bleiben, Strümpfe stricken, vom Fenster aus malen, in weltferner Ruhe dicke Bücher lesen und nicht zuletzt nach Herzenslust ausschlafen.

Mein Entschluß reifte, einmal eine Überwinterung zu wagen. Ich traf umfassende Vorbereitungen, denn ich wollte wohlverpackt die Arktis betreten, wie von einem geheizten Kinoplatz aus alle Ereignisse und die unbekannte Schönheit der Polarnacht an mir vorüberrollen lassen. Mütter, Großmütter und Tanten strickten an warmen Hüllen, Väter, Onkel und Brüder spendeten die neuesten Wärmeapparate. Freilich mußte ich immer wieder hören, daß es ein hirnverbrannter Blödsinn sei, als Frau in die Arktis zu gehen.

Da traf der neueste Frühjahrsbrief meines Mannes ein:

„Ich hoffe, Du hältst Dein Versprechen und kommst dieses Jahr herauf. Ich habe für den kommenden Winter eine kleine Hütte an der Nordküste Spitzbergens übernommen. Sie soll gut und fest gebaut sein. Gar zu einsam wird es ja für Dich nicht werden, da an der Nordwestecke der Küste, ungefähr 90 Kilometer von hier, noch ein Jäger, ein alter Schwede, haust. Den können wir im Frühjahr, wenn das Licht zurückkommt und das Meer und die Fjorde zugefroren sind, einmal besuchen.

Außer Deinen Skistiefeln brauchst Du nichts mit heraufzubringen. Ski und Ausrüstung sind noch vorhanden von einem früheren Begleiter. Proviant und alles, was man für eine Überwinterung braucht, besorge ich.

Bringe ja nicht mehr mit, als Du selbst in einem Rucksack bequem tragen kannst. Es bietet sich uns eine sehr günstige Reisegelegenheit. Wir rudern mit Jäger Nois von der Adventbai aus quer über den Eisfjord. Er will uns dann mit seinen Hundeschlitten noch über die Gletscher bringen, und dann gehen wir allein weiter, durch den Wijdefjord, immer geradeaus. Allerdings sind ein paar Gletscherflüsse zu durchqueren. In ungefähr 14 Tagen können wir an unserem Wohnplatz an der Nordküste sein.

Telegrafiere sofort, mit was für einem Schiff Du heraufkommst. Ich radiotelegrafiere Dir dann später an Bord Deines Schiffes alle Weisungen wegen Deiner Ausbootung.

P. S. Wenn Du noch Platz in Deinem Rucksack hast, dann bringe, bitte, Zahnpasta für 2 Mann für 1 Jahr mit und Nähnadeln."

Einige Stunden nach Eintreffen dieses Briefes hatte ich mir eine Schiffskarte bestellt und meinem Mann Name und Abfahrt meines Schiffes telegrafiert. Dann erst gab ich mich dem Entsetzen hin, daß ich kein Gepäck mitnehmen sollte. Was hatte ich nicht alles bereitgelegt. Außer der Ausrüstung, einem Federbett und Wärmflaschen noch Bücher und Hefte, Malkasten und Filme, Backpulver und alle Gewürze, Wolle und Stopfgarne. Was würde man nicht alles brauchen ein ganzes Jahr in der arktischen Wildnis bei einem, weiß Gott wie, in den letzten Jahren verwilderten Mann ...

Und warum mußte mein Mann gerade die Nordküste als Überwinterungsplatz wählen? Ausgerechnet die Küste, die, soviel ich wußte, fast das ganze Jahr von Treibeis belagert war, für Schiffe schwer zugänglich, an die 250 Kilometer entfernt von der letzten menschlichen Ansiedlung, jenseits der Gletscher und Fjorde?

Schweren Herzens packte ich in einen Rucksack das Lebensallernotwendigste. Den Riesenhaufen, der übrigblieb, packte ich in alte Koffer und Seesäcke und ... nahm ihn auch mit. Mochte das Gepäck nach der Ausbootung an irgendeiner einsamen Küste Spitzbergens stehenbleiben, wenn nicht doch noch ein glücklicher Zufall meine Habseligkeiten an ihren Bestimmungsort brachte.

Es war an einem glühheißen Julitag, als ich, angetan mit Skikostüm und Nagelschuhen, auf dem Rücken einen turmhohen Rucksack, an unserer kleinen Haltestelle stand, umringt von den abschiednehmenden Eltern und Geschwistern, Köchin, Gärtner und Waschfrau. Alle schüttelten immer noch die Köpfe über das Unternehmen, steckten mir aber doch noch kleine Liebespakete in die Taschen, verschiedene unentbehrliche Kleinigkeiten für die Arktis, wie sie sagten, Sachen, die ich unbedingt mitnehmen müsse und die ich erst auf dem Schiff anschauen dürfe.

„Wenn vielleicht der Ofen schlecht ist in der kleinen Jägerhütte, dann komme ja mit dem letzten Schiff im Herbst wieder zurück", rief mir meine besorgte Mama zu, als sich schon der Zug in Bewegung setzte.

Ausreise, und die Welt wird heller und kahler

Etwas blasiert sah ich dem Getriebe zu, als sich unser Schiff im Hamburger Hafen in Bewegung setzte. Vor meinem inneren Auge wuchs schon die weite Stille des hohen Nordens. Aber um mich herum winkte und schneuzte es tausendfältig zu dem sentimentalen Abschiedslied der Bordkapelle. Bordstühle wurden in rasendem Tempo gekauft, Kaffeesäle und Wechselschalter gestürmt — Großstadtmenschen im Großstadttempo beim Beginn der vierwöchigen Polarferienreise.

Ich flüchtete in meine Kabine, packte die Liebesgaben von zu Hause aus und war gerührt: die Bibel auf Dünndruck von Papa, Kamelhaarwäsche von Mama, ein unzerbrechlicher Spiegel von den Geschwistern, getrocknete Petersilie vom Gärtner, Kochlöffel und Quirl von der Köchin und von der Waschfrau ein mittelalterlicher Tobiassegen gegen alle bösen Geister!

Die eintretenden Mitreisenden meiner Kabine sahen mit Entsetzen auf mein verdächtiges Gepäck. Da ich aber von meiner bevorstehenden Überwinterung auf dem Schiff nichts verlauten lassen wollte, um unnötiges Aufsehen zu vermeiden, konnte ich ihnen das Rätsel nicht lösen.

Am nächsten Tag hatte sich der Sturm auf dem Schiff gelegt. Die eintausendvierhundert unruhigen Passagiere lagen mit entspannten Ferienmienen schlafend auf ihren eintausendvierhundert Bordstühlen, und ich ging, um mich zu vergewissern, daß gestern bei der Ausreise meine Gepäckmassen mit an Bord gekommen waren.

In dem großen, leeren, nur schwach erleuchteten Gepäckraum erhebt sich aus einer Ecke eine etwas schwerfällige Gestalt:

„Hoho, Fräuleinchen, sind Sie die Dame, die nach Spitzbergen will?" ruft es in drohendem Baß.

„Woher wissen Sie denn das?"

„Na, das steht doch auf Ihrem Gepäck. Sagen Sie mal, was wollen Sie auf dieser gottverlassenen Insel?" Mitleidig schaut mich der dicke alte Gepäckmeister über die Brille an, während er mir einen Frachtzettel ausfertigt.

„Nichts . . . Polarlichter anschauen."

„Für die Universität?"

„Nein, für mich alleine."

„So. Na, das schlagen Sie sich mal aus'm Kopp. Da frieren Sie ja tot auf der Insel. Da passen Sie nich hin, Sie kleene Puppe. Und Skorbut könn' Sie da auch kriegen. Wer zweimal nacheinander gut schläft, dem ist der Skorbut nicht mehr fern, heißt es. Ich kann Ihn' was erzählen. Ich war früher bei der Sanität."

„Nein, danke, erzählen Sie mir lieber nichts. Aber nicht wahr, Sie sind so gut und schaffen mir mein Gepäck an Land?"

„Wo wollen Sie denn überhaupt an Land in Spitzbergen?"

„Ja, wenn ich das selber wüßte, ich habe wirklich noch keine Ahnung."

„Na, denn fahr'n Se man wieder hübsch mit uns nach Hause. Unser Kapitän läßt Sie ja gar nicht vom Schiff runter. Nö, da kenn' Se den schlecht. Der läßt so was gar nicht zu."

Nun bekomme ich aber doch einen leichten Schrecken. „Wo ist denn der Kapitän zu sprechen?" frage ich den Gepäckmeister.

„Oben", sagt er und zeigt mit dem Zeigefinger senkrecht durch die Decke, wie in den Himmel. „Oben, auf der Kommandobrücke."

Kurz entschlossen steige ich hinauf, unendlich viele Treppen, vorbei an den eintausendvierhundert von Sonne und Wind umsäuselten, schlafenden Passagieren, über die Kommandobrücke mit dem breiten, langen Fenster, mit dem Blick über einen unendlich weiten Horizont.

„Herr Kapitän, ich wollte Sie nur fragen, ob Sie mich in Spitzbergen irgendwo, irgendwann, irgendwie an Land setzen können."

Der Kapitän schüttelt ernst den Kopf, das könne er ganz und gar nicht. Es sei im Gegenteil sein bestes Bestreben, alle Passagiere wieder heil nach Hause zu bringen. Außerdem müsse man die Erlaubnis der norwegischen Regierung haben, wolle man überwintern.

„Aber mein Mann erwartet mich oben."

Im Laufe des Gespräches stellt es sich heraus, daß der Kapitän meinen Mann kennt, ihn selbst vor drei Jahren in der Kingsbai abgesetzt hatte.

„Wir legen natürlich Ihrer Ausbootung nichts in den Weg", sagt er, „geben Sie uns Nachricht, wenn Sie das Telegramm wegen Ihrer Ausbootung erhalten haben."

Erleichterten Herzens verlasse ich die Kommandobrücke, kaufe mir einen Bordstuhl und genieße die weitere Reise ebenso sorglos wie die Passagiere.

Es kommen die Fjorde, die typischen Nordlandfjorde, gletschergrünes Wasser, daraus herauswachsende steile dunkle Felsen, Wasserfälle, die von den Bergen wehen wie weiße Fahnen. Jeden Morgen, o welche Lust, stehen Bett und Zahnbürste in einem anderen Fjord. Die Passagiere werden ausgebootet, im Auto gefahren, in den romantischsten Winkeln abgesetzt, dürfen in Gletscherbächen von einem Stein zum andern springen, dürfen die wilden Bergziegen necken, haben Freßpakete, knipsen, schreiben und kaufen Reiseandenken.

Am Abend kommen wir zurück auf den von Maschinen, Küchenbetrieb und Komfort zitternden Schiffskoloß, werden gefüttert, gebettet und weitergeschifft. Man tanzt, flirtet, ißt und trinkt sich an berühmt-schönen Küsten entlang, bis man eines Tages deutlich merkt, wie die Welt nach Norden zu immer heller und heller und kahler und einsamer wird.

Abendhell bleibt die Nacht. Klippen und kahle Bergköpfe ragen aus dem fahlen Licht des Wassers. Ein fremder, kühler Hauch weht mich an aus dieser Urweltlandschaft. Wie die Erde im vorletzten Stadium der Sintflut sieht die Gegend hier aus.

Hinter den Glastüren des Promenadendecks, in den erleuchteten Kaffeesalons sitzen die Menschen. Sie rauchen, trinken und tanzen, sie denken und sprechen genau so, wie sie es am Abend in ihren Großstadtlokalen tun. Sie merken wohl nicht viel von der fremd werdenden Welt, aus der sie in wenigen Wochen rundgegessen und ausgeschlafen zurückkommen werden.

Wir sind in Tromsö. Fischdampfer und Eismeerschiffe liegen im Hafen, still und bescheiden. Sie riechen nach Teer und Tran, und eine Atmosphäre von Abenteuer, Eis, Sturm und Weite liegt auch um sie.

Heute gilt die Aufmerksamkeit der Tromsöer ausschließlich dem deutschen Ozeanriesen, sie gehen in den Straßen und am Hafen, alle Läden sind offen, es herrscht vollster Betrieb, obwohl es schon zehn Uhr abends ist.

Mit einer Adresse in der Hand frage ich mich durch nach einer Tromsöer Familie, an die ich empfohlen bin. Der Weg geht durchs Grüne, Birkenbäume, Gras und Unkraut. Alles ist hier gigantisch und schön. Der Schierling, fast drei Meter hoch, hat prächtige Blütendolden und Blätter von tropischer Üppigkeit. Das doppelte Licht des Sommers gibt doppeltes Wachstum. Ich komme zu einer weiß lackierten Holzvilla in einem Stück abgegrenzter Natur. Gärten und Parks scheint es hier nicht zu geben. Die üppige Natur ist Park genug.

Die Familie empfängt mich mit offenen Armen. Es sind die ersten Menschen auf der Reise, die von dem Ziel meiner Fahrt wissen. Weil ich kein Wort Norwegisch kann, ist eine Schwiegertochter Dolmetsch.

„Papa meint, er würde an Ihrer Stelle nicht in die Eiswüsten Spitzbergens gehen!“

„Ich fürchte mich nicht“, entgegnete ich, „mein Mann meint, es sei da oben nicht viel anders als in Mitteleuropa, wenn man entsprechend wärmer angezogen ist."

„Ihr Mann ist ein routinierter Überwinterer", sagt ein Sohn des Hauses und wiegt den Kopf.

Ob man mir in irgend etwas behilflich sein könnte, werde ich gefragt.

„Helmer Hansen weiß, was ich noch an Ausrüstung brauche, das soll ich dann heute noch einkaufen. Mein Mann hat ihm alles geschrieben."

Helmer Hansen wird geholt. Ich stelle mir unter Helmer Hansen einen Hünen vor. Er war Amundsens Begleiter bei der Entdeckung des Südpols, er war Amundsens Begleiter auf der Nordwestpassage mit der „Gjöa" und auf der Nordostpassage mit der „Maud".

Helmer Hansen ist ein auffallend feingliedriger, stiller Mann, mit großen blauen herzensguten Augen. Er schüttelt mir immer wieder die Hände und sagt: „Kaptein Ritter wird sich freuen, daß ‚*fruen sin*' kommt." Dann wird er sachlich: „Fruen soll sich Komaga kaufen. Wasserstiefel sind nicht notwendig, aber Filzsocken."

Das Gewünschte wird mir aus der Stadt geholt in allen Größen zur Auswahl.

Komaga sind Lappenschuhe, breit wie Kähne und handgearbeitet aus weichstem Leder. Die Schuhspitzen stehen vorn in die Höhe. Sie haben Stulpen bis an die halbe Wade. Ich probiere das kleinste Paar, es ist mir viel zu groß.

„Zu klein!" sagt Helmer Hansen energisch. Er rät mir zu dem allergrößten Paar. Es käme viel Gras in die Schuhe. Je größer die Schuhe, desto besser.

Um zwölf Uhr nachts werde ich wieder an den Kai gebracht. Der weiße Ozeanriese liegt draußen auf dem Meere wie in flüssigem Abendrot. Alle Decklampen brennen. Es ist ein imposanter Anblick. Die Passagiere schwirren an Deck hin und her, wie Falter im Lampenlicht. Sie scheinen alle etwas berauscht vom Zwielicht, vom Grellrot des Himmels und des Wassers, von dem zeitlosen grellen Abendrot, das bald nach Mitternacht übergeht in ein noch leuchtenderes Morgenrot. Keiner denkt an Schlafen heute. Erst als das Schiff wieder fährt und es kühl wird auf dem Meer. Die Luft bekommt nach und nach etwas Hartes, Kaltes.

Den nächsten Tag ist kein Land zu sehen. Das Fähnchen auf der Tourenkarte steigt nordwärts auf dem Meere zwischen Norwegen und der Bäreninsel. Die Bordkapelle spielt zum erstenmal übertags, und zwar gleich bei allen Mahlzeiten im Speisesaal, vielleicht um die Menschen aufzumuntern, damit kein Grausen aufkommt vor der großen, einsamen Insel im nördlichen Eismeer.

Ich bin etwas in Unruhe, da ich von meinem Mann wegen meiner Ausbootung noch keinerlei Nachricht bekommen habe.

Den nächsten Morgen haben wir das Südkap Spitzbergens passiert. Am östlichen Horizont, zwischen dem grauschillernden Meer und einem tief herabhängenden Nebelvorhang, leuchtet ein Streifen merkwürdiges Land, ein Streifen blauer Berge, dazwischen sonnengleißende weiße Gletscherströme: die Küste Spitzbergens.

„Dort drüben liegt Longyearbyen, der letzte Vorposten der Zivilisation, eine norwegische Kohlenmine“, erklärt einer an Deck.

Dann kommt menschenleeres Land. Einen ganzen Tag lang Berge, Gletscher, blaue Felsen, weißes Eis . . . In der Nacht hüllt sich das Land in Nebel, von der Nordküste kriegen wir nichts zu sehen, wie ich gehofft hatte. Morgen früh soll das Schiff an der Packeisgrenze sein.

Viele tanzen die Nacht durch. Alle anderen Passagiere werden früh um vier Uhr geweckt von einem anderen Trompetenlied als sonst. Das heute ist außergewöhnlich frisch, direkt spritzig, und bringt alle Schläfer auf die Beine. Alles stürmt aufs Promenadendeck.

Hm, das ist also das Packeis! Ein paar schüchterne, schmutziggelbe Schollen liegen träge zwischen Nebel und Wasser. Alles friert. Nur die Damen in eleganten Pelzmänteln fühlen sich beachtet und sind in gehobener Stimmung. Enttäuscht kriecht alles in die Betten zurück.

Den nächsten Morgen allgemeines Verschlafen. Die Welt ist in dicken Nebel gehüllt. Unablässig tutet das Nebelhorn. Das Schiff befindet sich wieder auf der Reise südwärts.

Ich habe beschlossen, falls alle Nachricht von meinem Mann ausbleiben sollte, auf alle Fälle im Eisfjord an Land zu gehen. Irgendeiner an der Kohlenmine wird schon Rat wissen, wie, wo und wann ich meinen Mann finden kann.

Jedoch am Vormittag kommt das Radiogramm: „Erwarte dich Kingsbai!" Das Telegramm bringt Erlösung und Sorge zugleich. Wird das Schiff die Kingsbai anlaufen bei dem Nebel? Das Getute ist fürchterlich. Vom Bug ist das Heck des Schiffes nicht zu sehen.

„Zahlmeister, wird das Schiff die Kingsbai anlaufen?" Der zuckt die Achsel.

„Gepäckmeister, wird das Schiff die Kingsbai anlaufen?"

„Fahr'n Se man wieder hübsch mit uns nach Hause!" sagt der.

Ich mache mich jedenfalls bereit und erledige die letzten Formalitäten auf dem Schiff. Die Passagiere gehen gelangweilt im Nebel spazieren, manche denken ans Essen, die meisten von ihnen sitzen im Geist schon wieder in ihren heimatlichen Büros. Ich bin mindestens ebenso nervös wie die ganze Schiffsmannschaft in der grauen Undurchdringlichkeit des Nebels. Da stoppt das Schiff, die Kingsbai ist erreicht. Ich springe ins erste Boot, das an Land geht.

Eine Holzbrücke taucht aus dem Nebel. Ein Häufchen Menschen steht darauf. Ich erkenne meinen Mann. Er überragt alle an Größe und Hagerkeit.

„Da bist du ja", sagt er und lacht ruhig. Er ist dunkelbraungebrannt, trägt grobgeflicktes, weißgeblichenes Windzeug und vom Meerwasser ausgelaugte Stiefel.

Er erzählt, daß wir großes Glück haben. Ein kleiner norwegischer Passagierdampfer macht seine erste Reise, läuft in die Woodbai und wird uns an unserem Überwinterungsplatz ausbooten. Da sparen wir die beschwerliche Fußtour durchs Landinnere.

Der dicke alte Gepäckmeister steuert mein Gepäck selbst zum norwegischen Schiff. Es ist eine ganze Bootsladung voll. Mein Mann lacht. In Europa konnte er böse sein, wenn ich zuviel Gepäck mit auf Reisen nahm. Er hat sich verändert in der Arktis. Er wirkt geradezu fremdartig in seinem strahlenden Gleichmut. Er ist jedenfalls ganz anders als ich und alle Passagiere.

Er zeigt mir die Kingsbai. Mit einer gewissen liebevollen Feierlichkeit erklärt er mir alles, was ich beim besten Willen weder schön noch fesselnd finden kann. Die Küste ist trostlos, kahl und steinig.

„Hier ist die verkrachte norwegische Kohlenmine", zeigt mein Mann, „dort der Luftschiffhangar der verunglückten Nobile-Expedition, und dort noch weiter hinten im Nebel die kleine Hütte, in der ich vor drei Jahren das erstemal überwinterte."

Die Passagiere stapfen zwischen den verlassenen Holzhäusern der Mine und Haufen verrosteten Eisens umher. Sie wissen nicht recht, was sie hier sollen. Es regnet und ist empfindlich kühl. Scharenweise fluten sie zurück zum Schiff, dessen geheizte und erleuchtete Salons freundlich herüberwinken.

Mein Mann führt mich in eines der Holzhäuser, in dem ein Spitzbergener Jäger, der im Winter das Amt eines Wächters versieht, wohnt. Der Jäger liegt mit Stiefeln im Bett und schläft. Eine halb geleerte Flasche Kognak steht auf dem Tisch. Er will, wie ich höre, die Stunden der europäischen Invasion verschlafen. Er ist lieber allein auf seiner Insel. Als ihn mein Mann weckt, springt er freudig aus dem Bett, gießt die Wassergläser voll Kognak, um auf das Wohl von „Fruen" zu trinken, die ein Jahr auf der Insel bleiben wird. Leider verstehe ich kein Wort von seiner norwegischen Empfangsrede.

Wir gehen auf den norwegischen Dampfer, der gleichzeitig mit unserem Schiff den Hafen angelaufen hat und mit dem wir unsere Reise fortsetzen werden. Die ganze Mannschaft steht an Deck. Alle, vom Kapitän angefangen bis zum Schiffsjungen, schütteln mir die Hand in einer wunderbar freimütigen Art von Kameradschaftlichkeit. Ich komme mir auf einmal vor wie in einer großen Familie, wie aufgenommen unter die Seeleute und Überwinterer.

Die Fahrt geht einen Tag und eine Nacht durch Nebel. Zwischendurch erscheinen wieder die faden Eisschollen auf dem Wasser, dann soll's zur Grohuker*) Küste gehen, wo unsere Hütte liegt. Ich habe keine Ahnung, in welcher Richtung wir fahren und wo wir sind.

Mein Mann eröffnet mir, daß er für diesen Winter noch einen Mann mitgenommen hat. „Ich weiß ja nicht, wie dir die Arktis bekommt. Jedenfalls will ich dich nicht allzulange in der Hütte allein lassen, und mein heuriges Jagdterrain ist sehr groß. Ich kenne Karl, der mit uns kommt, schon lange. Er war vergangenes Jahr für mich auf Bangenhuk stationiert. Er ist ein braver, ordentlicher Kerl. Er stammt aus Tromsö und ist eigentlich Eismeerschiffer, Harpunier von Beruf. Er war diesen Sommer schon auf der Heimreise begriffen, als ich ihn fragte, ob er noch ein Jahr ‚oben' bleiben wolle. Er hat es sich keine Sekunde überlegt und hat ja gesagt. Karl ist ein Spitzbergennarr."

„Hallo, Karl!" ruft mein Mann über das Schiff. Karl erscheint. Ein sauberer blonder Bursche, mit lustigen blauen Augen, meiner Schätzung nach zwanzig Jahre alt. Wir schütteln uns die Hand und lachen uns an. Mehr können wir nicht sagen, weil Karl nicht Deutsch und ich nicht Norwegisch kann. Wir sind alle drei voll der heitersten Stimmung. Jeder allerdings aus einem anderen Grund. Mein Mann freut sich auf einen geregelten Haushalt, ich auf den vielgepriesenen Reiz der Wildnis, und Karl (was er mir erst viel später gestand) freut sich auf eine ganz besondere Sensation. Er glaubt bestimmt, daß die „Dame aus Zentraleuropa" in den Stürmen und der Einsamkeit der langen Nacht überschnappen wird.

Wir fahren wieder in dichtem Nebel. Gefleckte graue Möwen fliegen ganz niedrig mit dem Schiff. Es sind ganz andere Möwen als die, die ich bis jetzt gesehen habe. Sie fliegen mit knappen, derben Flügelschlägen. Ihre stumpfen, verbissenen Gesichter sehen nach Kampf und Zähigkeit aus. In ihrem Anblick ahne ich zum erstenmal die unerbittliche Natur der Arktis.

---

*) Grohuk = Graue Landspitze.

Die wenigen Passagiere des kleinen Schiffes sind bunt gewürfelter Nationalität, alle aber bei näherer Bekanntschaft durchweg Spitzbergenenthusiasten. Da ist ein englischer Millionär mittleren Alters, braungebrannt und tief dekolletiert. Seine nackten Beine stecken in Sandalen, über den Shorts trägt er ein dünnes Regenmäntelchen, das noch shorter ist als die Shorts. Er hat sich für Spitzbergen abgehärtet, denn er liebt Spitzbergen. Er ist schon soundso oft im Sommer oben gewesen, fährt mit den Fängern auf kleinen Kuttern und studiert Land und Leute. Er wird noch viele Male heraufkommen.

Mein Tischnachbar zur Linken, ein Engländer, erzählt begeistert von seiner Durchquerung im Frühjahr, die damit endete, daß er und seine Kameraden ihre ganze Expeditionshabe an einem reißenden Gletscherbach in der Wijdebai verloren. Er wird aber nächstes Jahr wieder herkommen und auf dem Nordostland überwintern.

„Vielleicht bleibt er auch gleich da", neckt ihn mein Mann. Mister Glen war schon auf der Heimreise, da hörte er von der Fahrt der „Lyngen" und ist wieder umgekehrt. Er kommt nicht mehr los von der Insel.

„Mathilas ist auf Grohuk begraben", erzählt der Eislotse. „Der berühmte Eismeerschiffer ging mit seinem Schiff noch als Siebzigjähriger nach Spitzbergen."

„Die schönste Zeit ist das Frühjahr", sagt ein junger Norweger mit weltfernem Lächeln, „eine unvergeßliche Zeit . . ."

„Ja, aber ich lasse mich nicht einfangen von der Insel, so wie ihr alle gefangen seid", sage ich trotzig.

„Oh, Sie werden auch gefangen werden", sagt der Norweger leise, aber bestimmt. —

So geht die Fahrt weiter im Nebel. Die einzige Abwechslung sind die Mahlzeiten. Ein fürsorglicher Steward schiebt mir die besten Bissen zu, als solle ich das Leben noch einmal genießen, bevor es in die Einöde geht.

Es muß ziemlich am Ende unserer Reise gewesen sein, als der Telegrafendirektor der Adventbai, ein sehr wetterfest aussehender älterer Herr, zu mir in väterlich wohlwollendem Ton sagte: „Madam, wenn Sie gut überwintern wollen, dann merken Sie sich drei Sachen (er spricht in gebrochenem Norwegisch-Deutsch, langsam und mit großer Betonung):

„Jeder Tag ein *Spasiertür**), auch in Winternat und Stormen, das ist so wichtig wie Essen und Trinken. — Immer Hümör!

Niemals bedenklich, ich meine: niemals sorgenvoll sein! Dann geht es so schön. Ich kenne Spitzbergen seit fünfundzwanzig Jahren."

Ich bin dankbar für diesen Rat. Ich weiß, daß ich mir diese Worte gut merken werde. —

Nach vierundzwanzigstündiger Fahrt durch Nebel stoppen plötzlich die Maschinen, das Schiff steht schaukelnd still, mitten im schwarzen, windig bewegten Meer. „Wir sind da", ruft mir mein Mann zu.

„Sehen Sie dort Ihre Hütte", sagt der junge Norweger neben mir und deutet auf einen Punkt im Nebel. Wirklich läßt sich da langsam in der Ferne ein öder, grauer, langgezogener Küstenstreifen erkennen und darauf, wie eine winzig kleine, angeschwemmte Kiste, das, was unsere Hütte sein soll. Alle Passagiere kommen an Deck und sehen mit dem gleichen starren Entsetzen auf die Küste. Sie helfen uns, als wollten sie uns noch etwas Liebes erweisen, unsere vielen kleinen und großen Gepäckstücke über die Reling reichen. Keiner redet ein Wort. Nur ein älterer, Deutsch sprechender Herr findet Worte: „Nein, gnädige Frau, da können Sie doch unmöglich den Winter über bleiben. Das wäre ja ein bodenloser Leichtsinn!"

Als ich aber doch bei meinem Entschluß bleibe, den Männern zu folgen, wird er ganz wild: „Jugend von heutzutage . . . so was sollte verboten sein . . .! Reich können Sie da doch nicht werden!" ruft er schließlich ganz verzweifelt aus.

„Nein, reich können wir da nicht werden", pflichte ich ihm bei.

„Sie werden aber doch reich werden", sagt der junge Norweger. aber in seinem feinen Lächeln liegt kein Gedanke an irdischen Gewinn,

*) Spaziertour.

Der Kapitän verspricht uns, mich in einem Jahr um diese Zeit hier wieder abzuholen. Sie schütteln uns die Hand, der Kapitän und alle Matrosen, in wortloser Kameradschaftlichkeit. Aus allen Augen spricht der Ernst des Augenblicks. „God winter!“ sagen sie, wie aus einem Mund, zum letzten Abschied.

Aber wir drei Überwinterer sind voller Ausgelassenheit. Vielleicht ist es Galgenhumor. Es wäre leichter gewesen, von der Strickleiter ins Wasser zu steigen als in das heftig schaukelnde Boot. Schließlich landen wir aber doch sicher auf den getürmten Kisten und Säcken. Die Matrosen rudern. Langsam und schwankend geht es der Küste zu.

In unserem Boot sitzt Mister Glen, der Durchquerer. Er sitzt frierend und klappernd in Wind und Regen, ohne Kopfbedeckung und warme Kleidung. All seine Habe hat ihm ja das Land genommen. Aber er benutzt jede Gelegenheit, noch mal die Insel zu betreten. „Oh, ich möchte gleich mit Ihnen bleiben“, sagt er, „Spitzbergen ist ein wundervolles Land“ — und mit strahlenden Augen sieht er in den Nebel.

Ein schauerliches Land ist es, denke ich mir im stillen. Nichts als Wasser, Nebel und Regen; es benebelt die Menschen, bis sie ihren Verstand verlieren. Was haben die Menschen bloß an dieser Insel? Wieviel Hoffnungen, wieviel stolze Pläne sind hier vernichtet worden, wieviel Unternehmungen sind gescheitert, und nicht zuletzt: wieviel Menschenleben hat das Land gefordert!

Die ersten Tage in der Wildnis oder: ein typischer Männerhaushalt

Wir kommen der Küste näher. Sie wird mit zunehmender Deutlichkeit nicht einladender. Ein unübersehbares, flaches, dunkles Land. Ganz unvermittelt liegen darauf drei gewaltige schwarze Berge, wie hingeschüttete Kohlenhaufen. Bis zur Hälfte sind sie gnädig bedeckt mit Nebel.

Die Matrosen rudern auf eine kleine Bucht zu, unweit der Hütte. Sie springen mit ihren hohen Wasserstiefeln ins Wasser und ziehen das Boot an Land. Ich werde wie eine Puppe herausgehoben und in hohem Bogen aufs Trockene gestellt. Kisten und Kasten fliegen hinterdrein.

Der Engländer hat sich unsere Hütte besehen; er findet, sie sei ein Palais. Dann springt er ins Boot, springt aber gleich wieder heraus und überreicht uns ein kleines Töpfchen mit Teer und Pinsel, den Überrest seiner Expeditionshabe. Das schenkt er uns zum Abschied. Karl und mein Mann sind hocherfreut.

Dann rudern sie fort, die uns an Land begleitet haben, zurück zum Schiff, das wie ein Schatten zwischen Nebel und Wasser liegt.

Mein Mann und Karl „hieven" und „shieven" das Gepäck aus dem Bereich der Brandung und mühen sich, die schweren Kisten die steilen Uferfelsen hinaufzuschieben, aufs ebene Land, auf dem die Hütte liegt.

Wie still es hier auf der Insel ist, wenn man noch das Stampfen der Schiffsmaschine im Ohr hat. Die Wellen schlagen monoton an den felsigen Strand, kalt und teilnahmlos. Unwillkürlich kommt mir der Gedanke: hier können wir leben, wir können auch sterben, ganz wie es uns behagt, es wird uns keiner daran hindern.

Die Landschaft ist trostlos. Weit und breit kein Baum und Strauch, alles grau und nackt und steinig. Ein Steinmeer, das unübersehbare breite Vorland, Steine bis hinauf zu den bröckelnden Bergen, Steine bis hinunter zur bröckelnden Küste, ein wüstes Bild von Tod und Zerfall.

Die Hütte steht inmitten einer kleinen Halbinsel, deren Ufer steil zum Meer abfallen. Sie ist ein kleiner, kahler, viereckiger Kasten, ganz mit schwarzer Dachpappe bezogen. Einige Latten, hü und hott über die Pappe genagelt, sind das einzige Helle im Schwarz. Ein einsames Ofenrohr ragt vom Dach in die neblige Luft. An der Hütte lehnen Kisten und Bottiche, Schlitten, Ruder, alte Skier. Um die Hütte liegen Skelette von rätselhaften Tieren.

Die beiden überlebensgroßen Riesengerippe mit den kurzen, wuchtigen Armknochen, mit Raubtiergebiß und menschenähnlichen Füßen mögen von Eisbären stammen. Merkwürdig sind die vielen spindelförmigen Brustkörbe, am winzigen Becken derbe Beinchen, daran langfingrige Füße ... dann zierliche Gestelle, wie von laufenden Katzen. Und auf all die Gebeine und Steine rieselt der Regen, unablässig, leise und still.

Da tutet es draußen dreimal. Es ist die „Lyngen“, die uns ein letztes Mal zum Abschied grüßt. Dann setzt sie sich in Bewegung, und langsam verschwindet ihr letzter Schimmer im Nebel.

Nun sind wir allein für ein Jahr. —

Dem trüben Himmelslicht ist keine Tagesstunde zu entnehmen, aber meinem bellenden Hunger nach zu schließen dürfte es ungefähr

Abendessenszeit sein. Die Männer hantieren noch mit dem Gepäck so will ich allein sehen, wie, wo, wann man hier eine Mahlzeit bereiten könnte. Etwas zaghaft betrete ich die kleine Hütte. Durch die Eingangstür gelange ich in eine Art Vorraum, mit einem verschlagartigen Schrank. Von da führt eine ganz kleine Tür mit einem geschnitzten Holzgriff in den Hüttenraum. Der ist bis zur Decke vollgestopft mit zugenagelten Kisten.

„Unser Proviant", sagt mein eintretender Mann, auf die Kisten zeigend.

„Packt nur rasch aus, Kinder, ich hab' nämlich einen furchtbaren Hunger."

„Fruen will spise", sagt mein Mann zu Karl. Karl kratzt sich verlegen den Kopf und verfällt in tiefes Sinnen. Nach einem kurzen Wortwechsel wird dann ein rascher Entschluß gefaßt, und nun fliegen Kisten, Kasten und Büchsen durch den kleinen Vorraum hindurch, hinaus in den Regen. In der Hütte verbleiben nur zwei große Säcke mit Mehl und Zucker, ein Kistchen Munition und einige Schamottziegel, die wie Heiligtümer behandelt werden. Dann zündet sich Karl eine Pfeife an, hakt einen Eimer auf den Arm und geht fort.

„Wo geht der denn hin, jetzt, wo wir essen wollen?" frage ich meinen Mann.

„Süßwasser suchen", ist die lakonische Antwort.

„Suchen?" Ich bin entsetzt. „Ja, wißt ihr denn nicht, wo hier welches ist?"

„Nein, wir kennen ja die Gegend hier auch noch nicht. Als wir das erste Mal hier waren mit dem Kutter und den Proviant abluden, konnten wir uns nicht lange aufhalten. Aber die Jäger sagen, daß hier irgendwo ein Fluß sei, irgendwo in der Nähe."

„Irgendwo?! Ja, aber wenn er den Fluß nicht findet, dieser Karl?"

„Dann bringt er eben ein Stück Gletschereis mit."

„Zum Kochen?" Ich bin starr. „Ja, ist denn überhaupt hier irgendwo ein Gletscher? Man sieht ja nichts in dem Nebel!"

„Höchstens ein paar Kilometer von hier ist ein Gletscher. In eineinhalb Stunden kann Karl gut hin und zurück sein", beruhigt mich mein Mann.

Ich muß mich auf ein Bänkchen setzen. Eine neue Art von Zeiträumen tut sich vor mir auf. Auf so was war mein hungriger Magen nicht gefaßt, und mit Wehmut gedenke ich der „Lyngen", die nun schon weit von uns im Nebel kreuzt, mit weiß gedeckten Tischen und allen Mayonnaisen und Fischpikanterien und dem fürsorglichen Steward. Ich denke an das deutsche Schiff und seine üppigen Diners am laufenden Band ...

Mein Mann geht ans Heizen. Er tut sein möglichstes, damit ich mich behaglich fühlen soll. Unter dem Ofen zieht er ein kleines Kistchen mit Birkenrinde hervor. Die Rinde als Zunder, ein paar Scheit Holz darauf, ein tüchtiger Schuß Petroleum und ein Zündholz hinterdrein ... ein gewaltiger Puff, schwarzer Qualm aus Ofentür und Backrohr ist die Antwort.

Mein Mann zieht einen Dolch aus dem Gürtel und geht hinaus. Er kehrt zurück mit einem aufgespießten hellrosa Stück Speck, an dessen einer Seite noch gelbes Fell klebt. Das kommt auch auf das Feuer. Ein gewaltiges Zischen und Prasseln hebt an, in den neuen schwarzen Qualm mischt sich ein intensiver Geruch nach süßlichem Tran — dann geht das Feuer ganz aus.

„Er wird nicht geputzt sein", sagt mein Mann freundlich und geht hinaus.

Ich bin starr über den Ofen und fast noch mehr über meinen Mann. Er war doch in Europa immer so empfindlich gegen Ruß und alle nicht funktionierenden Öfen. Wie hat Spitzbergen ihn verändert. Und ganz unbegreiflich ist mir, wie man mit Gemütsruhe einem solchen Ofenbiest begegnen kann, noch dazu in einer dünnwandigen

Hütte, auf einer Insel, wo man sich keinen anderen verschaffen kann, wo Winternacht und Sturm vor der Tür stehen ...

Bei näherer Betrachtung ist der Ofen eine Katastrophe. Ein großer Riß geht durch seine Mitte, so daß die vier Beine schief nach innen stehen. Über und über ist er mit Salz und Rostschichten bedeckt. Das Backrohr steht klaffend offen und läßt sich nicht schließen. Die Aschentür fehlt ganz, an ihrer Stelle lehnt eine von Alter und Rost zerfranste Kehrichtschaufel. Die Platte hat zwölf Ringe, die zur Mitte zu bergartig übereinander herausquellen.

Jetzt höre ich meinen Mann auf dem Dach herumsteigen, und es rumort im Ofenrohr. Nun ist es vor Rauch nicht mehr auszuhalten in der Hütte. Ich will die Fenster aufreißen, aber siehe da, die Fenster sind gar nicht zum Öffnen eingerichtet, sondern fest eingekittet. So reiße ich die Türen auf und stelle mich in den Regen.

Mein Mann steht auf dem Dach, in Rauch und Rußwolken gehüllt. An einem Ruder hat er einen alten Filzhut befestigt, mit dem fährt er im Ofenrohr auf und nieder. „Der Ofen ist gut", ruft er mir zu, „der Jäger Nois sagt, der Ofen wäre einer der besten auf ganz Spitzbergen. Paß auf, es wird gleich sehr gemütlich werden in der Hütte, leg nur ab derweil und mach dir's drinnen bequem."

Ich habe gar keine Lust, abzulegen und mir's bequem zu machen in der rußigen Hütte. Ich bleibe in Hut und Mantel sitzen und bin auf alles gefaßt. Das Ofenbiest scheint aber wirklich Zug bekommen zu haben, nach und nach strahlt das Rohr sogar etwas Wärme aus.

Rauchschwaden ziehen durch den Raum, der nicht größer ist als drei Meter im Quadrat, und der Ruß regnet auf die kleine primitive Einrichtung, die ich nur mit halbem Bewußtsein sehe: Im Eck zwei hölzerne breite Kojen übereinander angebracht, an der Wand eine Pritsche, ein kleiner Tisch vor dem Fenster, ein großes und ein kleines Regal, letzteres mit kleinen bestaubten Flaschen, deren Inhalt Gewürz zu sein scheint. Draußen vor dem Fenster in etwa zwei Meter Entfernung steht ein hoher Pfosten aus schneeweiß gebleichtem Holz.

„Du, was bedeutet dieser Galgen hier draußen?“ frage ich meinen eintretenden Mann.

„Das ist der Bärenpfosten. Der Pfosten ist weithin sichtbar und lockt die Bären vom Meereis zur Hütte.“

„Aha!“ ist alles, was ich sagen und denken kann.

„Ja, und durch dieses kleine Schiebefenster hier an der Wand kann man die Bären von der Hütte aus schießen. Wenn wir Glück haben, kommt das Packeis mit den Bären schon im Herbst.“

Während mein Mann freudig erzählt, hantiert er fürsorglich in der Hütte herum wie eine Hausfrau, die ihrem Gast den Aufenthalt möglichst behaglich gestalten will.

Ich muß mir alle Gewalt antun, um nicht mein Grausen und Entsetzen zu zeigen über all das Neue, das da auf mich einstürmt. Ich wundere mich über meinen Mann, der ganz vergessen zu haben scheint, wie eine Europäerin zu leben gewöhnt ist. Er scheint es für ganz selbstverständlich zu halten, daß ich mich in dieser lausigen Hütte, in Raubtiergesellschaft wohlfühlen werde. Jedenfalls wirkt seine Art, mich in die Wildnis einzuführen, nicht sehr schonungsvoll.

Karl kommt zurück. Angesichts des brennenden Ofens reibt er sich freudig die Hände und ruft einmal übers andere: „*Fin, fin!*“ Rauchschwaden und Rußregen scheinen ihm nicht den geringsten Eindruck zu machen. Den Süßwasserfluß hat er nicht gefunden, aber dafür eine Lagune mit Schneeschmelzwasser, und nun fängt er an zu kochen. Er nimmt eine riesenhafte gußeiserne Pfanne von der Wand, die wohl sonst für Bärenschinken gedacht ist, schüttet einen halben Eimer Wasser hinein, und aus einem Sack etwas, was wie Haferflocken aussieht. Speck kommt aufs Feuer, bis der Ofen donnert und rast wie ein Expreßzug. Ab und zu steigt noch finsterer Qualm aus dem Backrohr.

Nun deckt Karl fürs Abendessen. Drei Aluminiumteller fliegen auf den Tisch, Messer schwirren hinterher, zwischendurch rührt er den Brei. Er bewältigt alles von der Mitte der Hütte aus, wo er breitspurig mit wippenden Sohlen steht.

„Er ist nämlich auch als Schiffskoch gefahren“, erklärt mein Mann.

Daher das Jonglieren, denke ich mir im stillen.

Karl geht hinaus und kommt mit einem ganzen Armvoll rostiger Löffel und Bestecke zurück. Die hat er in der Kingsbai gefunden, auf einem Misthaufen, erzählt er mit strahlender Miene.

Mein Mann nimmt das Geschenk entgegen, geht damit zum Strand hinunter und wäscht alles mit Sand und Meerwasser. Mittlerweile kocht der Brei, er brodelt und spritzt auf dem gewaltigen Speckfeuer. Mit einem höflichen „Wärsch so gu“ kriegt jeder einen Schöpflöffel voll der brodelnden Masse auf seinen Teller. Der Brei ist vor allem gut heiß, und weil das Salz nicht gefunden wird, kommt ein Löffel Meerwasser dazu.

Wir essen und haben dabei vom Tisch durch das Fenster einen weiten Blick auf Regen, Meer und Nebel.

„Wo ist hier Norden?“ frage ich.

Karl zeigt: „*Nord, Syd, Vest, Öst*“, und weiter wie ein Verkehrsschutzmann durch die Nebel weisend: „Bangenhuk, Verlegenhuk, Jammerbucht, Sörgebai, Todmannsbuk ...“

„Wie, was erzählt da der Karl?“

„Das sind die Namen unserer benachbarten Küsten.“

„Und ausgerechnet hier müssen wir überwintern, wo die Küsten so schreckliche Namen haben?“

„Wir können ja die Küsten umtaufen, wenn du willst“, sagt mein Mann lachend.

„Ja, aber warum gab man den Küsten so schreckliche Namen?“

„Es kommt wohl vor, daß Schiffe im Frühjahr oder Herbst vom pressenden Eis an diese nördlichen Küsten getrieben werden. Aber uns tut das Eis nichts, wir sitzen ja an Land.“

Wir essen weiter und schauen in den Nebel.

„Das typische Spitzbergensommerwetter“, sagt mein Mann, als müßte er sich entschuldigen. „Der warme Golfstrom in der Nähe des Packeises erzeugt viel Nebel.“

„Das Wetter wird schon besser werden", meint Karl, „wenn mal der nackte Engländer von Bord der ‚Lyngen' herunter ist." Er will wissen, daß sich der Engländer eine Frau im Eismeer sucht. Karl reißt seine Witze in sprudelndem Norwegisch.

Wir essen viel Brei, aber ich werde nicht recht satt. Mein Magen ist verwöhnt von den üppigen Schiffsmenüs. Auf die Grütze folgen einige Liter Kaffee. „Kaffee ist die Hauptsache bei den norwegischen Jägern", erklärt mir mein Mann.

Der Kaffee ist dünn und beeinträchtigt absolut nicht das Schlafbedürfnis. Ich bin todmüde. Die Augen brennen mir von dem ewigen Tageslicht. Ich sehe mich nach einem Lager um. Heimliches Grausen packt mich vor den beiden Kojen mit den derben Strohmatratzen. Wer weiß, was für verwilderte Jäger hier zuletzt gehaust haben?

„Wo ist eigentlich mein Boudoir, das du mir in deinen Briefen versprochen hast?" frage ich meinen Mann.

„Noch nicht gebaut", sagt er, „wir müssen erst nach Brettern schauen, das Meer schwemmt manchmal welche an."

Ein Seesack wird von draußen hereingeholt. Eine funkelnagelneue gelbseidene Steppdecke wird königlich auf die eine Koje gebreitet. Darauf wird, „wärsch so gu", der mir zugedachte Schaffellschlafsack gelegt.

Ja! Wärsch so gu! Ich habe keine Ahnung, wie man in einen Schlafsack steigt.

Man nimmt mir höflich Hut und Mantel ab, und dann werde ich kurzerhand in den Schlafsack gehoben und wie eine Roulade an die Wand gerollt. Mein Mann liegt in einem Renntierfellsack auf der Pritsche, und Karl besteigt die Koje über mir, die, knapp unter der Decke angebracht, eher einer Schublade als einer Koje gleicht. Die Bretter der Koje ächzen und krachen unter dem Gewicht des schweren Kerls. Ob ihn die Bretter wohl aushalten?

Obwohl wir alle drei todmüde sind, findet keiner gleich den Schlaf. Es ist taghell. Der Wecker auf dem Regal gegenüber zeigt zwei Uhr, vermutlich ist es Nacht. Das kleine Bärenfenster ist offen. Nebelschwaden ziehen herein, und leise hört man die Brandung rauschen. Ich liege wacher als wach auf meinem neuen harten Lager, in den Schlafsack gerollt, der regenfeucht ist und leise nach Schaf muffelt. Meine Blicke haften an den Wasserstiefeln der Männer, die über dem Ofen zum Trocknen hängen.

Ich habe mir Spitzbergen anders vorgestellt. Vielleicht liegt der Fehler an mir, daß mir das Land nicht gefällt. Vielleicht bin ich noch nicht überkultiviert genug, um all das Primitive hier zu schätzen. Dann geht mir der Ofen im Kopf herum. Ich hätte ja einen neuen mitbringen können aus Tromsö, wenn ich das geahnt hätte. Vielleicht gibt es auch noch eine Jägerhütte hier in der Umgebung, die einen besseren Ofen hat, den wir uns holen könnten. Es ist ja kein Mensch weiter an der ganzen Nord- und Ostküste, der einen weggeholten Ofen entbehren würde.

Ich muß es mir direkt geographisch vorstellen, wie allein wir hier oben sind. Niemand bis über den Nordpol hinaus, niemand weit übers Meer bis Nowaja Semlja, niemand bis dreihundert Kilometer südlich . . .

Am nächsten Morgen erwache ich von dem Lärm der kleinen Kaffeemühle. Mein Mann ist schon auf und bereitet das Frühstück. Karls in tadellosen weißen Socken steckende Füße baumeln von der oberen Koje herunter. Er guckt zwischen seinen Beinen hindurch und ruft mir zu: „God Morgen, Chrissie", und dann langsam und bedächtig: „Has do god geschlafen?"

Mein Mann macht mir ein Zeichen, den Satz habe Karl eben auswendig gelernt, als ich noch schlief.

„Sehr gut habe ich geschlafen, Karl, und Sie?"

Mein Mann korrigiert mich. „Du mußt ‚du' zu ihm sagen, in Spitzbergen ist alles per du."

Also: „Und wie hast du geschlafen, Karl?"

Karl tut nicht mehr dergleichen, das Deutschlernen eilt ihm anscheinend nicht. Er hält seine hohle Hand unter einen steten Regentropfen, der von der Hüttendecke auf den Fußboden herunterpitscht. „*Fin regn!*“ sagt er verträumt. Dann klettert er mit Matrosenbehendigkeit von seiner Koje an das Tischchen am Fenster. Er trinkt seinen Kaffee und pafft seine Pfeife und wendet keinen Blick von mir. Eine „Dame aus Europa“ in der Koje scheint ihm etwas ganz Neues zu sein.

Ich bekomme mein Frühstück ins Bett serviert: Hafergrütze und Kaffee. Beides ist wenigstens gut heiß.

„Wir haben leider noch kein Brot“, entschuldigt sich mein Mann, „wir müssen erst welches backen. Dummerweise gab es dort zufällig keine Hefe und kein Backpulver, wo wir unseren Proviant besorgten. Wir müssen ein Backmittel erfinden für diesen Winter.“

„Erfinden!“ Ich bin starr. „Wie wollt ihr denn ein Backmittel erfinden? Ihr seid doch keine chemische Fabrik! Wenn man das so einfach erfinden könnte, dann hätten wir Hausfrauen es doch schon längst erfunden.“

Beide Männer lächeln seelenruhig. Es scheint ihnen vollständig gleichgültig zu sein, ob wir nun ein Jahr lang Brot zu essen haben oder nicht. Ich bin entsetzt über den Gleichmut der Männer.

Karl löffelt behaglich seine Grütze, aber plötzlich springt er wie elektrisiert von seinem Platz. Einen Moment schaut er gespannt aus dem Fenster, reißt das Gewehr von der Wand und stürzt ins Freie.

Durchs Fenster sehe ich, wie er, geduckt wie eine Katze, zum Ufer springt. Dort angelangt, fuchtelt er mit den Armen in der Luft herum, pfeift und zwitschert in den lieblichsten Tönen. Mein Mann steht an der offenen Hüttentür und zwitschert auch.

Ein Seehundskopf taucht aus dem Wasser auf und nähert sich neugierig der Küste. Ich sehe genau sein schwarzes lachendes Gesicht. Langsam kommt er immer näher geschwommen.

Karl zielt und schießt. Mit einem neckischen Salto taucht der Seehund unter. Karl läuft geduckt am Ufer weiter, dann kniet er hin, zielt aufs Wasser und wartet. Da taucht der Seehundskopf wieder auf. Im Weiterschwimmen sieht sich der schwarze, nasse Kerl lustig und neugierig um. Karl schießt wieder — und wieder taucht der Seehund neckisch unter, dann ist er fort. Ich atme auf.

Lachend kommen die Männer zurück. Ich höre, wie Karl in bedauerndem Ton sagt: „Schade, *de var fin middag for fruen!*"

Du guter Karl, denke ich mir im stillen, auf dieses Mittagessen kann ich verzichten. Mir ist ja tausendmal lieber, der schwarze Kerl lebt weiter im Wasser, als daß er mir tot im Magen liegt.

Die Männer machen sich draußen zu schaffen, so beschließe ich, Morgentoilette zu machen.

Waschwasser scheint es nicht viel zu geben in diesen nördlichen Breiten, um so größer sind die Blecheimer, die als Waschschüssel

dienen. Dann mache ich mein Bett, das heißt ich hänge meinen Schlafsack genau so von innen nach außen gestülpt an der Hüttendecke auf, wie dies die Männer getan haben. Aufräumen läßt sich sonst nicht viel. Wasser zum Geschirrwaschen ist nicht da, und der einzige auffindbare Besen hat keine Borsten mehr, statt dessen hat ein findiger Jäger Möwenfedern in das leere Bürstenholz gesteckt. Das Ganze ist mehr ein Indianerschmuck als ein Besen, und zum Kehren taugt er ganz und gar nicht. Die zerfranste, rostblätternde Kehrichtschaufel hinterläßt auch mehr Schmutz, als sie aufnimmt. Außer drei verschiedenartigen Typen von überlebensgroßen Schleifsteinen unter der Koje und einem Eisanker ist weiter nichts zu finden an Hütteninventar.

„Sag mal", überfalle ich meinen eintretenden Mann, „wo ist denn eigentlich mein ganzer Hausrat, den du vor drei Jahren mit nach Spitzbergen genommen hast? Du hast mir doch damals alle Besen und die halbe Küche davongeschleppt!"

Der Anblick der gewaltigen, primitiven Formen im klarsten Schwarz-Weiß gegen ein Stück tiefblauen Himmels atmet Größe und ungeheure Frische (S. 39).

„Die Sachen sind alle noch da", rechtfertigt sich mein Mann. „Die Besen zum Beispiel sind in der Hütte bei Kap Petermann, das weiß ich genau."

„Wo ist denn dieses Kap Petermann? Kann man nicht mal dorthingehen und die Besen holen?"

„Gehen kann man nicht gut", sagt mein Mann. „Es sind ungefähr zwei Tage Reise mit dem Motorboot. Aber wir kommen dieses Jahr bestimmt noch hin, wenn das Wetter gut ist."

Wieder tun sich die neuen Zeit- und Raumdimensionen vor mir auf, und langsam ahne ich meine Ohnmacht als Hausfrau auf dieser Insel.

Wir packen aus. Wie viele Tage wir auspacken, ist schwer zu sagen. Hier gibt es ja keine Tage, weil es keine Nächte gibt. Ein Tag fließt über in den anderen, man weiß nicht, wo das Heute aufhört und das Morgen anfängt und wann ein Gestern wird. Immer ist es hell, immer rauscht das Meer, und unentwegt steht der Nebel wie eine Wand um die Hütte. Wir essen, wenn wir hungrig sind, wir schlafen, wenn wir müde sind.

Um mich aufzumuntern, nehmen mich die Jäger mit zum Trinkwasserholen. Wie ins Wesenlose geht der Weg zur Lagune. Über uns Nebel, um uns Nebel und unter den Füßen die endlosen Steine. Grobe, kantige Schottersteine, die bei jedem Schritt vorwärts den Fuß wieder einen halben Schritt zurückrutschen lassen.

Im Nebel orientieren sich die Männer nach den Steinen. Die Anordnung der Steine, deren oft geringfügige Absonderlichkeit einem Laien kaum auffällt, gibt ihnen Anhaltspunkte.

Da sind die Strandlinien, weite Wellenlinien in dem steinigen Vorland, die im Lauf der Jahrhunderte das zurücktretende Meer hinterlassen hat; da sind kleine Steinhaufen, die angeblich Gräber sind, denn im Umkreis liegen Holz und Knochen, die der Frost aus dem Boden gehoben hat. Fehlen aber derartige Orientierungsmerkmale, dann bauen die Jäger „Steinmänner", das sind aufeinandergeschichtete Steine.

„Du mußt es lernen, dich im Nebel zu orientieren für den Fall, daß du allein Wasser holen mußt, wenn wir auf Tour sind“, sagt mein Mann. „Senkrecht auf die Steinwälle gehst du, dann links von den Gräbern parallel zu den Steinwällen und dann schließlich immer geradeaus bis zur Steinsenkung der Lagune.“

Steine, Steine, im Wachen und im Schlaf sehe ich jetzt Steine. Sie werden mir, ich fühle es, zur Wahnvorstellung. Das steinige Land, die ganze gigantische Unfruchtbarkeit verfolgt mich langsam wie ein böser Traum.

Schon liegt Europa weit hinter mir. Es erscheint mir wie ein Zauberland. Dort wachsen Blumen und Früchte aus der Erde. Aus dem Boden wächst das, was die Menschen zum Leben brauchen. Das ganze gewaltige Wunder der ewig wachsenden Nahrung erfasse ich erst hier, wo nichts mehr wächst.

Ganz im geheimen — denn ich will nicht davon reden — bilde ich mir ein, wir müßten hier verhungern oder mindestens an Skorbut sterben. Unser Proviant flößt mir kein großes Vertrauen ein. Rein äußerlich betrachtet, ist zwar der Proviantschrank eine Augenweide. In Reih und Glied stehen da die Büchsen und Tüten und Säcke wie in einem Kaufladen; aber vom Vitaminstandpunkt aus genommen, finde ich unseren Proviant sehr mangelhaft.

Immer wieder rechne ich: Bohnen, Erbsen, Linsen — vitaminlos; Tee, Kaffee, Kakao — vitaminlos; Zucker, geschälter Reis, helles Mehl — vitaminlos; gedörrte Früchte sind bekanntermaßen totgedörrt, Salzfleisch totgesalzen, und die kondensierte Milch soll auch nach einem halben Jahr ihre Vitamine verloren haben. In Europa haben wir täglich frische Milch, frische Butter, Früchte und Gemüse, alles trieft von Vitaminen, und hier haben wir für ein ganzes Jahr als Vitaminspender nur ein Kistchen Butter, ein Töpfchen Honig, eine Flasche Lebertran und sechs Häuptel Kraut. Die Kartoffeln sind zur Hälfte schlecht, sie mußten feucht gelagert gewesen sein auf dem Schiff, die Preiselbeeren sehen auch nicht gerade frisch aus, und als Karl die Eiderenteneier aus der Kiste auspackte, die er im Frühjahr auf Bangenhuk gesammelt hatte, da erwies es sich, daß von hundert Stück fünfundsiebzig zerbrochen waren. „Spiller ingen rolle" (spielt keine Rolle), sagt er, „der Fuchs muß auch was haben", und stellt die Kiste mitsamt der großen Eierspeise hinter die Hütte. Die sechs Krauthäuptel, die bis zum Frühjahr frisch bleiben sollen, habe ich nach einem zweifelhaften Spitzbergenjägerrezept mit eingestreutem Salz im ausgehöhlten Strunk unter dem Dach im Gang aufgehängt.

So steht es also mit unseren Vitaminen.

„Wir werden ja frisches Fleisch haben", tröstet mich mein Mann. „Sorge dich nicht, bei Nebel nimmt man alles schwerer. Das ist hier oben eine bekannte Tatsache. Es sieht alles leichter aus, wenn die Sonne wieder scheint. Und um die Kartoffeln und Preiselbeeren ist es wirklich nicht schade, die waren ohnedies schon ein Jahr alt, als wir sie in der Adventbai kauften. Damals war noch nichts Frisches zu haben."

„Nächstes Jahr sind wir gescheiter", sagt Karl, „dann nehmen wir alle Gemüse getrocknet mit und dafür zwei frische, lebendige Frauen."

Die Männer sind von einer grotesken Sorglosigkeit. Denken sie gar nicht an die lange Nacht, die vielen Monate, wo das Land vereist sein wird? Bauen sie wirklich so stark auf ihr Jagdglück? Mir ist der Gedanke unheimlich, daß bei den mangelhaft gewordenen Vitaminen unseres Proviants unser Leben nun einzig und allein von der Jagd abhängen soll, von dem, was der Tag uns zuträgt, genau genommen vom Zufall! Die Männer kommen mir vor wie fremde Wesen. Sind sie leichtsinnig oder schöpfen sie ihren Gleichmut vielleicht aus einer tieferen Lebensweisheit, die uns Europäern abhandengekommen ist?

Ich glaube, wir sind fertig mit Auspacken, wenigstens ist alles sortiert, verstaut und geschichtet. Ich habe die Hütte gewaschen, Wände und Boden mit kochendem Seifenwasser. Unter einer Matratze fand ich noch schimmlige Männerkleider. Karl beschrieb mir den Jäger, der als letzter hier hauste: „Longe röde Haar" — er macht eine wirre Bewegung um den Kopf —, „longe röde Bart mit Erbser und Linser darin, nix waschen, nix rasieren." Daraufhin habe ich die ganze Schimmelgarderobe ins Meer geschmissen.

Nun, wo die ganze Hütte ordentlich ist und ich sie sauber weiß, schwindet langsam mein heimliches Grausen. Ich sehe sie zum erstenmal mit anderen Augen.

Hübsch ist der rötliche Ton der verräucherten Wände, dazu die weißen Renntierfelle auf Pritsche und Kojen. Stilvoll sind die aufgehängten Pelzkleider der Jäger an den Wänden, die Lappenschuhe und bunten Gurte, alle geschliffenen Dolche und Jagdmesser, die in den Wandpfosten stecken. Köstlich sind die kleinen Bänke aus angeschwemmten Baumwurzeln und alle von den Jägern in der Winternacht geschnitzten Zierate, die rührend primitiv sind in ihrer Art. Da ein kleiner Bär in der Füllung der Tür, dort die hölzernen Löffel mit Fischschwänzen als Griffe hinter dem kleinen Bort über dem Tisch, und in der Ecke unter dem Patronenschränkchen in einem Gärtchen von gesammeltem Moos eine kleine geschnitzte Madonna, die, fast schwarz verräuchert, einstmals bunt bemalt, das Jesuskindlein auf dem Arm, mit stillem, weichem Lächeln in die Jagdhütte schaut. Die Raumeinteilung der Hütte ist hübsch. Alle Hütten der Spitzbergener Jäger sind, wie mein Mann erzählt, in einem wunderbaren Ebenmaß gebaut und eingerichtet. Sie sind eben aus dem unverdorbenen Schönheitssinn dieser Naturmenschen heraus geschaffen.

Am Abend stehen wir drei, zufrieden mit unserem Tagewerk, auf der großen Schwelle vor der Hüttentür und schauen ins Graue.

Da taucht ganz in der Nähe des Ufers aus dem nebelstillen Meer wieder ein Seehundskopf auf. Karl schleicht in die Hütte nach dem Gewehr. Wie hypnotisiert schaut der Seehund mit weit aus dem Wasser gerecktem Hals auf die Hütte und auf uns drei Menschen. „Tauch unter!" rufe ich ihm im stillen zu und hoffe, ihn dadurch beeinflussen zu können.

Da fällt der Schuß. Der Seehund taucht nicht. Wie eine große schwarze Blase bleibt er auf dem Wasser liegen. „Getroffen!" sagt mein Mann, und dann läuft er mit Karl an den Strand. Im Nu ist das

Boot ins Wasser geschoben, ein paar eilige Ruderschläge, und dann haben sie ihn.

Ich schleiche in die Hütte und will nichts sehen von dem, was da weiter kommt. Es dauert aber nicht lange, da wird draußen gerufen: „Sei so gut, bring eine Schüssel!"

Folgsam gehe ich mit einer Schüssel hinunter zum Strand. Da liegt der Seehund auf den schwarzen Ufersteinen, schon aufgeschlitzt und aufgeschlagen wie ein Buch. Der schmale, spindelförmige Rumpf liegt losgelöst auf der ovalen Hautdecke mit der dicken rosa Speckschicht. Die Eingeweide zucken noch im Rhythmus des Herzschlags.

„Er ist natürlich längst tot", beruhigt mich mein Mann.

Karl teilt den Rumpf mit einigen raschen, unglaublich sicheren Messerschnitten. Dann löst er die kleinen, derben Beinchen mit den langen Fußflossen aus der Speckhaut und klatscht sie auf meine Schüssel.

„Das können wir heute abend essen", sagt mein Mann.

Folgsam und mit Grausen trage ich das zuckende Menü in die Hütte. Hier bin ich vollständig ratlos. Soll ich nun die Flossen kochen, backen oder braten, mit der Haut oder ohne, mit den langen schwarzen Nägeln oder ohne? Es schüttelt mich, wenn ich daran denke, das essen zu müssen. Da wird schon wieder gerufen: „Noch eine Schüssel, eine größere womöglich!"

Ich gehe mit der großen Bärenschüssel zum Strand. „Wärsch so gu," die Seehundsleber wird überreicht. Es sind fünf riesengroße Lappen, mindestens sechs Kilo schwer.

„Die Leber wird natürlich am besten ganz frisch gegessen", gibt mir mein Mann zu hören.

Ich bin sehr froh, auf diese Weise um die Flossenfrage herumzukommen, und bereite für den heutigen Abend Massen von „Minutenleber", dazu Kartoffelbrei mit gerösteten Zwiebeln.

Mit erwartungsvollen Gesichtern und schnuppernden Nasen, die Hände voll Blut und Speck, kommen die zwei Mörder nach getaner Arbeit zurück in die Hütte. Sie brauchen viel heißes Wasser und

Seife, bis die Hände sauber sind. Dann essen sie. Sie essen — —! Ich kann nur die ganze Zeit die Teller nachfüllen. Sie essen, bis von der riesigen Leber nichts mehr übrig ist, und dann fragen sie noch nach dem Fleisch. Sie hätten mir doch noch zwei Flossen mitgegeben.

Ich bin starr. „Ihr kommt mir vor wie die Katzen, die tagelang hungern können und dann ein ganzes Vieh mit Haut und Haaren verschlingen."

„So sind alle Menschen, die von der Jagd leben müssen", behauptet mein Mann.

Karl kann sich kaum rühren, als er sich vollgegessen vom Tisch erhebt und, mit einer Verbeugung zu mir gewendet, sagt: „*Takk for mat.*"

„Was sagt er da?" frage ich meinen Mann.

„‚Danke für die Mahlzeit.' Das sagt man in Norwegen der Hausfrau nach der Mahlzeit."

Ich finde, das ist eine sehr hübsche Sitte; es vermag doch etwas die Hausfrau aufzumuntern, wenn sie die Früchte ihrer oft stundenlangen Kochmühen im Nu weggeputzt sieht.

Wir schlafen alle herrlich nach der guten Mahlzeit und erwachen am nächsten Morgen mit Bärenkräften. — Nicht umsonst scheinen sich die Eisbären am liebsten von Seehunden zu nähren!

So suchen wir uns heute auch eine den Kräften entsprechende gröbere Arbeit. Die beiden Männer gehen daran, die Hütte auszubessern. Sie wird mit neuer Dachpappe benagelt und geteert. Ich, in einem großen Anfall von Mut, stürze mich zum erstenmal allein in den Nebel, um Trinkwasser zu holen.

Ich gehe einfach der Nase nach. Als ich ein Stück gegangen bin, reißen die dichten Nebel vor den schwarzen Bergen. Erschütternd sind sie aus nächster Nähe in ihrer gigantischen Kahlheit. In den mächtigen Rillen wachsen am Fuß der Berge neue schwarze Berge aus den vom Frost losgesprengten Steinen, die unentwegt leise klirrend zu Tal springen. Heute sind die Kämme der Berge frisch verschneit, und der Anblick der gewaltigen primitiven Formen im klarsten Schwarz-Weiß gegen ein Stück tiefblauen Himmels atmen Größe und ungeheure Frische. Dann senken sich die Nebel wieder. Ich fühle mich plötzlich federleicht, und mühelos ist der Weg über die Schottersteine. Ich finde auch tatsächlich zur Lagune.

Mutig trete ich den Rückweg an. Nach einer mir endlos dünkenden Zeit höre ich wieder das Meer an der Küste. Aber von der Hütte ist nichts zu sehen. Ich gehe ein langes Stück nach Norden — nichts. Ein doppelt so langes Stück nach Süden — auch nichts! Zurück ein mindestens dreimal so langes Stück wieder nach Norden — keine Spur von Hütte! Immer nur neue, steinige, schwarze Ufer, alle gleich flach, alle gleich ausgebuchtet. Oder sind es immer wieder die gleichen? Sie bieten keine Anhaltspunkte zur Orientierung. Langsam bricht mir der Angstschweiß aus, die Wassereimer habe ich längst irgendwo stehengelassen — und schließlich stehe ich doch ganz plötzlich und unverhofft vor der Hütte.

Die Männer arbeiten noch an dem Dach. Sie brechen in schallendes Gelächter aus, als sie mich so verzweifelt und ohne Trinkwasser nach Hause kommen sehen. Mir ist das Weinen viel näher als das Lachen, besonders wenn ich an das stehengelassene Wasser denke, das ich zum Kochen brauche.

Schließlich kriegt Karl Mitleid mit mir, springt vom Dach und geht der Küste entlang auf die Suche nach den Eimern. Er ist auch bald zurück und stellt die vollen Eimer höflich vor meine Füße.

So gehen die Tage hin im Nebel. Die Männer haben immer etwas zu arbeiten, und ich lasse mittlerweile meine ganzen europäischen Kochkünste an dem Seehund aus, aber nun bin ich am Ende meiner Weisheit. Ob ich ihn koche, backe, brate oder auch kurzbrate, immer wird das Fleisch kohlschwarz, und ob ich nun Seehundsschinken, Koteletts oder Lungenbraten drannehme, immer bleibt der Geschmack so ein Mittelding zwischen Hund und Fisch. Die Männer aber sind begeistert von meinen Versuchsmenus, und ich muß zu jeder Mahlzeit Seehund bereiten. Die Jäger scheinen von Fleisch allein leben zu können — zu meinem Leidwesen; denn ich muß sagen, mir hängt das schwarze Vieh schon längst zum Halse heraus.

Der Seehund hat für mich viel eher einen moralischen Wert. Seit er nämlich da ist, bereitwillig auf dem Sägebock vor unserer Hütte liegt, ich tagtäglich drei bis vier Mahlzeiten von ihm absäbeln kann und er gleichsam wie das Geschenk einer guten Fee kein Ende nimmt; seitdem ich also gesehen habe, daß man mit einem einzigen Schuß einen ganzen Fleischerladen aus dem Meer holen kann, haben sich meine Vitaminsorgen für unsere Zukunft sehr verringert.

Ich glaube, wir haben Ende August. Auf alle Fälle ist es zur Zeit Nacht, denn die Sonne steht niedrig im Norden. Ich habe eben das erstemal Spitzbergen gesehen.

Ich erwachte. Ich weiß nicht warum. Vielleicht von der neuen, klaren Luft, die wie ein Lebenselixier ist. Durch die beiden offenen Türen ins Freie sah ich von meiner Koje aus zum erstenmal, seit wir hier sind, ein in Sonne und Stille glitzerndes blaues Meer. Auf den Zehen schlich ich hinaus.

So eine Herrlichkeit! Wir leben auf einem unbeschreiblich schönen Stück Erde. Eine prachtvolle Bucht schwingt sich in weitem Bogen vor unseren Blicken und endet im Norden ins offene Meer. Die Gebirge jenseits des Wassers sind schroff und wildromantisch gezackt. In einem tiefen Blaugrün ragen sie in den türkisfarbenen Himmel. Um die spitzen Berge herum fließen breite, in der Sonne glitzernde Gletscher hinab in den Fjord. Die schwarzen Berge unserer Küste liegen in tiefem Ernst in der Sonne. In ihrer merkwürdig konisch zulaufenden Form und mit ihren verschneiten Rillengipfeln haben sie Ähnlichkeit mit dem japanischen Fujijama, jenem erloschenen Vulkan, dessen wuchtig einfache Form man so oft in japanischen Bilddarstellungen findet.

Viele Fujijamas liegen in einer Reihe unserer Küste entlang nach Süden. Ihr dunkles Schwarz erscheint in zunehmender Ferne aufgelichtet in tiefes Rot. Alle Skalen von Rot bis Blaulila durchlaufen sie in ihrer Erscheinung. Alle Farben sind von einer glühenden Tiefe, wie man sie bei uns nie in der Landschaft, höchstens in auserlesenen Blumen findet. In überirdischer Klarheit liegt alles da in heiliger Stille. Zwei Möwen fliegen niedrig und lautlos dicht an der Hütte vorbei fjordeinwärts. Sie sind von den rötlichen Strahlen der Nachtsonne beleuchtet. Ihre herrlichen weiten Schwingen leuchten wie tiefes Rosa im türkisfarbenen Himmel.

Wieder zurückgekehrt in meine Koje, finde ich keinen Schlaf mehr. Mir ist, als hätte ich einen Blick ins Jenseits getan.

Um fünf Uhr stehe ich auf. Die Männer schlafen noch fest. Heute mache ich Morgentoilette im Freien. Die Sonne steht im Osten schon hoch über den schwarzen Bergen. Hinter der Hütte, wo ihre Strahlen von der schwarzen Dachpappenwand zurückgeworfen werden, ist es direkt warm. Den weiß emaillierten Bottich, den die Männer für mich aus dem Eisfjord fischten und mir als Badewanne schenkten, fülle ich mit Süßwasser, einen Eimervoll Meerwasser hole ich vom Strand und nehme ein herrliches Bad mit nachträglicher Salzwasserdusche.

Nie in meinem Leben habe ich mich so himmelhochjauchzend gesund und frisch gefühlt wie nach diesem Bad in arktischer Sonne und eisigem Meerwasser.

In der Hütte wird es langsam lebendig. Bald erscheinen die Männer, heute frisch rasiert, in frisch gewaschenen Arbeitskutten.

Wir sind alle drei voll der übermütigsten Laune. Zur Feier des wiedergekehrten Sonnenscheines essen wir zu Kaffee und kaltem Seehund ein ganzes Schüsselchen Honig.

Die Jäger hält es heute nicht lange in der Hütte. Bald sitzen sie mit ihren Flinten im Boot, und ich muß in meinem kleinen Haushalt alles liegen und stehen lassen und den kleinen Jagdausflug mitmachen.

Rasch fährt das kleine Motorboot vorbei an der schwarz geschieferten Küste. Draußen, wo die Grohuker Küste mit einer Landzunge ins Meer endet, treffen wir die ersten schwarzen Eiderenten. Zwei werden erlegt. Dann geht die Fahrt weiter. Das Boot holt eine ganze Menge Eidervögelmütter ein, die mit ihren nur wenige Tage alten Jungen auf dem sonnigen Wasser spazierenschwimmen. Mütter und

Junge werden in dieser Jahreszeit von den Jägern geschont, aber die Todesangst sollen sie doch zu kosten kriegen. Karl — ich könnte ihn in dem Moment erschlagen! — fährt mitten in die Vogelfamilien hinein. Angstvoll strampeln sich die Kleinen ab, um dem surrenden Bootsungeheuer zu entkommen. Schließlich laufen sie wie kleine Wollknäuel mit ihren kräftigen kleinen Schwimmhautbeinchen über das Wasser hinweg. Aber als sie sehen, daß ihnen das schnellste Tempo nichts nützt, tauchen sie plötzlich alle wie auf Kommando unter. Nun ist die Alte beruhigt. An sich selbst denkt sie nicht. Sie läßt das Boot ruhig an sich vorbeikommen.

Die weitere Jagd gestaltet sich schwieriger. Es scheint sich wie eine Warnungswelle unter den Vögeln verbreitet zu haben, daß gefährliche Wesen an der Küste sind. Die Enten erheben sich mit klatschenden Flügelschlägen aus dem Wasser und suchen das Weite, wenn sie nur des Bootes ansichtig werden.

Am Nachmittag kommen wir von der Fahrt durch die Sonne zurück. Die erlegten Enten werden, immer zwei und zwei aneinandergebunden, an dem Bärenpfosten befestigt, um an der Luft zu trocknen als Winterproviant. Dreien von ihnen zieht Karl den Federbalg ab. Bruststücke und Schenkel kommen in einen Topf zum Kochen, alles andere wird großzügig weggeworfen. Ich werde belehrt, daß man diese Vögel nicht rupfen könne, da die Haut und vor allem die darunter befindliche, tranig schmeckende Speckschicht nicht genießbar sei; außerdem hätten Abfälle in Spitzbergen einen unschätzbaren Wert.

Auch diese Mahlzeit ist wieder kohlschwarz, aber die Brühe ist ausgezeichnet kräftig, und das schwarze, zarte Fleisch schmeckt mindestens ebenso gut wie das Fleisch der Wildenten unserer Zonen.

Nun, wo die Hütte im Innern sauber ist, sehne ich mich auch nach Ordnung im Freien. Das Durcheinander paßt nicht zur vollendeten Harmonie der Landschaft. Heimlich und leise, denn ich tue sicher etwas Verkehrtes, sortiere ich die Skelette vom Reisegepäck, von Skis und leeren Büchsen. Aber die Männer haben mich entdeckt.

„Laß bitte alles liegen, die Unordnung hat einen tiefen Sinn. Eisanker, Eispickel und Schneeschaufeln gehören aufs Dach“, werde ich belehrt, „und alles andere liegt so gerade richtig gegen den Wind.“

Ich habe aber alles schon so weit geräumt, daß wenigstens nur noch Steine und Beine vor der Hütte liegen. Man könnte sich mit etwas Phantasie immerhin einbilden, daß man einen jungen Steingarten, allerdings noch ohne Grün, als Vorplatz habe.

Aber lange soll ich mich des „Steingartens“ nicht erfreuen. Denn Karl verziert ihn mit schauerlichen Blumen. Der nächste geschossene Seehund findet eine fürchterliche Verwendung. Nicht nur, daß die entspeckte Haut an die eine neubezogene Dachpappenwand gespannt wird, nein, Karl versenkt die Seehundsgedärme in kleine Gräben, die er rings um die Hütte gegraben hat und die er dann sorgfältig mit größeren Steinen halb zudeckt. Auch die Eisbärgerippe werden liebevoll mit Gedärmen ausgestattet.

„Das ist, um die Füchse anzulocken“, erklärt mir mein Mann.

Fahre wohl, mein schöner Steingarten! Ich füge mich in das Unabänderliche.

Am nächsten Tag wird Brot gebacken. Nicht etwa, daß die Männer inzwischen die chemische Formel für Hefe gefunden hätten, sie haben gar nicht darüber nachgedacht, aber sie hatten Glück. Karl fand in Noisens Munitionsschränkchen eine kleine Büchse mit einem steinalten Rest von Trockenhefe. Die wird nun sorgfältig aufgeweicht und in einem Eimer mit Wasser und Mehl verrührt. Der Eimer kommt in eine der Kojen und wird in wärmende Decken verpackt.

Die rauhen Jäger sind heute andere Menschen. Sie schleichen auf Zehen und reden nur flüsternd, es darf keine Tür geöffnet werden, es herrscht eine unbändige Hitze im Raum, und alle Gedanken kreisen um die Hefe, die wieder lebendig werden soll.

Schließlich steigt auch der Teig in den Eimern und bei der liebevollen Behandlung weit über seine Grenzen hinaus in die wärmenden Decken.

Leise Seemannsflüche werden laut, aber im großen und ganzen bleibt die weihevolle Stimmung. Wir sind glücklich, denn nun sind wir gerettet. Die Hefe lebt auch auf der steinigen Insel. Wir werden Sauerteig züchten, wie es bei uns die Landleute tun, und dann, o biblisch altes, uns zur Selbstverständlichkeit gewordenes Wunder, werden wir täglich unser frisches Brot haben!

Und nun wird geknetet, auf dem kleinen Eßtisch vor dem Fenster. Die Hütte dröhnt, und der Schweiß steht den Männern auf der Stirn. Sie sind weiß vom Mehl, und weiß ist die Hütte. Auf dem Ofen stehen in Bereitschaft Bärenpfanne und leere Büchsen und sämtliche erreichbaren Gefäße des Hauses. Ein mörderisches Feuer wird geschürt. Da das Backrohr nicht funktioniert, wird auf der Platte gebacken, und die Hütte selbst muß Backofen sein.

Ich flüchte ins Freie. Bei kaltem Seehund und Kondensmilch aus der Büchse genieße ich die helle Nacht. Seltsam sind diese hellen Nächte. Es liegt über ihnen eine eigenartige Weihe. Es ist, als schlügen die Wellen leiser, als flögen die Vögel langsamer — die Nacht ist wie der Traum des Tages. Verheißungsvoll dringt Backgeruch durch die Bretterwände ins Freie.

Unermüdlich sind die Männer bis zum Morgen beim Backen. In allen Formaten lehnen die Brote knusprig und locker am Fenster zum Auskühlen.

Ich liege schon längst müde in meiner Koje, da höre ich noch das Ende des Backtags. Nach Seemannsart wird ein Eimer mit Meerwasser in die Hütte gegossen und Bänke und Boden geschrubbt. Frische Meerluft dringt durch die offenen Türen, und wir schlafen alle drei herrlich und fest.

Den nächsten Morgen haben wir zum Frühstück Brot. Wir essen Brot mit Butter, Brot mit Käse, Brot mit Seehund, Brot mit Salzspeck. Was ist das für eine Lust, einmal wieder in frisches Brot zu beißen, wenn man schon lange keines gehabt hat. Von diesem Genuß hat man keine Ahnung im Überfluß Europas.

Nach dem Frühstück nimmt Karl sein Gewehr, schiebt das Boot ins Wasser und fährt fort. „Er fährt hinüber über den Fjord nach Kap Roos, um die Jagdhütten des dortigen Fangterrains in Augenschein zu nehmen und Köder für die Füchse auszulegen. Er wird ungefähr acht bis zehn Tage unterwegs sein."

„Und da nimmt er gar keinen Proviant mit?"

„Er hat ja sein Gewehr", sagt mein Mann lachend.

Wir gehen ostwärts zu den Gletschern, auch hier wie auf allen unseren Touren begegnen wir fast keinem Lebewesen. Ab und zu steht ein Blümchen zwischen den schwarzen Steinen, ein zartgelber Mohn auf hauchdünnen Stengeln weht im Wind, manchmal auch ein schüchterner Hahnenfuß. Mein Mann, der nun schon seit Jahren nur Steine und Eis zu sehen bekommen hat, gerät immer wieder in Begeisterung über die „Vegetation", während mich der Anblick der Blumen nicht rührt. Ich esse sie alle auf und bilde mir ein, es wären vitaminhaltige Gemüse.

Einmal begegnen wir einer Fliege, die unterhalb der schwarzen Berge über einem kleinen Polster von Moos niedrig herumsummt, anscheinend ängstlich bemüht, nicht verlorenzugehen in Wind und Weite.

Mikkl

Eines Tages erschien bei unserer Hütte „Mikkl". Er stand mit der größten Selbstverständlichkeit auf unserem Abfallhaufen und wühlte dort zwischen den leeren Blechbüchsen herum. Sein schneeweißes, seidenhaariges Fell, wie man solches in Europa nur bei festlichen Gelegenheiten am Halse eleganter Frauen sehen kann, wollte mir nicht recht auf den Misthaufen passen. Er ließ sich aber bei seiner unappetitlichen Beschäftigung nicht stören, tat furchtbar vertieft und würdigte uns drei Neugierige auf der Schwelle der Hütte keines Blickes.

Es ist ein großer Moment für alle Jäger, wenn im Herbst der erste Polarfuchs auf Besuch kommt. Diese Füchse, besonders die jungen, die die Absichten der Jäger nicht kennen, beweisen oft große Anhänglichkeit an die Menschen und kommen fast täglich zur Hütte gelaufen.

Auch dieser Fuchs würde ein „*hüsrev*" (Hausfuchs) werden, behaupten die Männer, denn er sei noch ganz jung und könne noch keine schlechten Erfahrungen gemacht haben.

Er ist in Gestalt und Farbe ähnlich einem weißen Spitz, nicht allzu groß, nur dadurch anders, daß er einen langen, buschigen Schwanz besitzt. Das Gesicht wirkt rundlicher durch die abstehenden Halshaare, er hat große dunkle Augen, kleine runde Pelzohren, eine winzige, spitze schwarze Schnauze und eine karmesinrote Zunge.

Karl zwitschert norwegisch auf ihn ein, nennt ihn Mikkl — alle Polarfüchse nennen die Norweger Mikkl — und wirft ihm kleine Käsestücke vor die Pfoten. Er gibt ihm die süßesten Namen, und gleichzeitig taxiert er mit Kennerblick sein Fell und meint, Leif Anders in Tromsö werde keine dreißig Kroner für ihn geben.

Der Mond steht am durchsichtigen Himmel, groß und nahe . . .
(S. 66).

„Dann werdet ihr ihn nicht umbringen!" flehe ich die Männer an. „Die dreißig Kroner gebe ich euch in Europa. Laßt den schönen Kerl leben!"

Vergessen sind meine Träume, einmal ein Polarfuchsfell zu besitzen. Seit ich einen lebenden Polarfuchs kenne, will ich keinen toten mehr haben. Mikkl soll in seiner schönen wilden Heimat bleiben, in die er gehört.

„Mikkls Fell wird noch sehr schön werden, wenn es kälter wird", meint mein Mann.

„Ney, ney", sagt Karl wegwerfend, „das bleibt barer Shiet" (shiet ist in Norwegen ein salonfähiges Wort). „Mikkls Rückenhaare sind zu kurz, die grauen Flecke im Fell werden auch nicht weggehen."

Ich glaube in Karl einen Verbündeten gefunden zu haben und setze auf das Geratewohl hinzu: „Ja, und der Schwanz ist zu lang, und die Pfötchen sind zu kurz, so was hängt eine Dame niemals um!" Und verstohlen blinzle ich Karl zu. Aber der weicht meinem Blick aus, schaut nur fragend auf meinen Mann, und der schaut weg.

Ich fühle schon jetzt, das gibt einen harten Kampf zwischen mir und den hartherzigen Männern, wenn ich Mikkls junges Leben erhalten will.

„Armer Mikkl, du weißt nicht, daß du bei Fuchsfängern zu Gast bist. Sei gescheit, geh fort von hier, zieh in ein anderes Land, wo's keine Menschen gibt!"

Mikkl schaut mich an. Er schaut mir direkt in die Augen. Sein ganzes schönes Gesichtl lacht, er hat mich ganz und gar nicht verstanden. Mikkl, der nun unser ständiger Gast ist, scheint sich gut hier auszukennen. Er springt von einer Delikatesse zur anderen, aber er frißt nur ganz wenig von allem, ganz wie ein Feinschmecker. Er vergräbt seine weiße Nase tief in den Abfalleimer und holt zwischen Asche und Kartoffelschalen Hühnergedärme heraus, die er meterweise verschlingt, ohne ein einziges Mal abzubeißen. Dann kratzt er sich einen uralten Federbalg aus dem Misthaufen, beutelt ihn ein paarmal um seine weiße Schnauze und frißt ihn dann mit Federn und Kiel. — „Fine Vitaminer", sagt Karl dazu.

Den hingeworfenen Brocken steht Mikkl sehr mißtrauisch gegenüber. Wenn Karl Seehunde abspeckt, dann steht er dicht dabei, verfolgt jede Bewegung des Messers. Bekommt er etwas von den Abfällen hingeworfen, dann nimmt er Reißaus und nagt lieber an den uralten Bärenskeletten. Frisch geschossenen Eiderenten und Möwen kann er jedoch nicht widerstehen, die schleppt er im Galopp davon.

Mikkl begleitet uns nun auf allen unseren Wegen wie ein treuer Hund. Wo immer wir gehen, taucht er plötzlich auf, tut aber dann so, als ginge er nicht mit uns, sondern seine höchsteigenen Wege. Ab und zu schleicht er dann hinter Steinen, als pirsche er sich an Vögel heran. Er spielt auch mit den Jägern richtiggehend Verstecken um die großen Steine herum, duckt sich und guckt und kläfft vor Freude, wenn er gescheiter ist als die Jäger. Aber dann kommt es vor, daß er ganz plötzlich im Spiel abbricht und davonläuft, ohne sich umzudrehen.

Die weißen Eisschneehühner, die früher so zahlreich um unsere Hütte waren und sich um die Speckabfälle gruppiert hatten, sind seit Mikkls Erscheinen viel vorsichtiger geworden. Während einige fressen, sitzt immer eine auf einem erhöhten Platz, meist auf dem Hüttendach, und hält Ausschau. Erhebt sich die Möwe von ihrem Wachtposten, dann fliegen alle anderen mit in die Höhe. Keine Möwe ist weit und breit zu sehen, wenn Mikkl im Herannahen ist.

Mikkl hat seit einiger Zeit einen blauen Freund, den er ab und zu mitbringt. Niemals kommt aber der Blaufuchs allein. Es macht uns allen den Eindruck, als wollte der „Blaue" Mikkl vor uns Menschen warnen.

So zutraulich Mikkl ist, er frißt schon fast aus der Hand, so mißtrauisch ist der „Blaue". Er steht immer ein Stück weiter ab. Wenn er nur eines Menschen ansichtig wird, sträuben sich ihm schon alle

Haare. Er steht dann steif und schmalspurig mit wild- und angstfunkelnden Augen wie eine Hyäne.

Auch auf den Spaziergängen taucht jetzt manchmal der Blaue auf und versucht Mikkl von uns Menschen wegzulocken. Aber Mikkl ist dumm und bleibt dumm und vertraut weiter den Menschen.

Nun haben wir auch noch einen dritten Hausfuchs, der aber nur des Nachts kommt. Es ist eine gefräßige Blaufüchsin, die die alte, ranzige, weggeworfene Margarine des Jägers Nois in einer Kiste hinter der Hütte entdeckt hat. Nacht für Nacht raschelt und klappert es von außen an meiner Kojenwand, und jeden Morgen fehlen ungefähr vier Würfel. Die Blaufüchsin wird aber auch zusehends dicker, ihr Fell üppig und strahlend, „firste kvalitet", wie Karl sich ausdrückt.

Die Männer packen Kisten und treffen große Vorbereitungen. Ich verstehe noch immer nicht ihr Norwegisch, und mein Mann weicht aus, wenn ich frage. Neulich fragten mich aber doch die Jäger ganz offiziell, ob ich gut schießen könne. Wir hielten dann ein Scheibenschießen mit dem Kugelgewehr ab, wo ich zu meiner eigenen Überraschung auf fünfzig Schritt ins Schwarze traf. Darauf fragte man mich, was ich tun würde, wenn ein Bär zur Hütte käme, wenn ich allein wäre.

„Ich würde ihm ein Schüsserl Honig hinausstellen vor die Tür."

„Das hab' ich mir gedacht, daß du so dumm bist", wettert mein Mann. „Wenn du schon nicht schießen willst, dann bleib in der Hütte und versprich mir, daß du niemals einem Bären ein Zuckerl anbieten wirst!"

Das verspreche ich dann auch. Nun wird mir freigestellt, mich an der morgigen Reise ins Landinnere zu beteiligen oder allein an der Küste zu bleiben.

Natürlich will ich die Reise mitmachen.

Nachdem alle Vorbereitungen getroffen sind, schlägt prompt das Wetter um, und es stürmt tagelang aus Nord. An eine Bootsreise übers Meer ist nicht zu denken.

Bootsreise ins Landinnere

Einige Tage später, mit einer Plötzlichkeit, wie das in Spitzbergen so üblich, ist über Nacht Windstille eingetreten. Da auch das Barometer gut steht, wird in aller Frühe die Fahrt in die Wijdebai beschlossen, um die dortigen Hütten für die bevorstehende Fangzeit zu verproviantieren und in Stand zu setzen.

In hexenhafter Geschwindigkeit haben die beiden Jäger alle Reisevorbereitungen beendet und unsere Hütte für die Zeit unserer Abwesenheit in sturmsicheren Zustand gebracht. Das Boot liegt seeklar in der kleinen Bucht. Eine turmhohe Ladung hat es heute, ein Durcheinander von Proviantkisten, Schlafsäcken, Werkzeugen, Gewehren, Dachpappe, Fensterglas, Ofenröhren und einen abgehäuteten Seehund als Wegzehrung.

„Wenn das Wetter am schönsten, ist das Unwetter am nächsten", lautet eine alte Spitzbergenwetterregel, daher heißt es, nichts von dem schönen Wetter verlieren.

Nach dem rasch eingenommenen Frühstück werden die Fensterläden vorgehängt, die Glut aus dem Ofen gerissen und einige schwere Pfosten vor die Haustür gelehnt.

Im Vorderteil des Bootes ist ein königlich zurechtgemachtes Lager von Decken und Säcken für mich vorgesehen.

Als unser kleines Motorboot hineinsurrt in Sonne und Weite, zu neuen Landschaften und Seen, da packt uns das überschäumende Glücksgefühl unserer weltweiten Freiheit und völligen Ungebundenheit.

Bald können wir die ganze Nordküste mit den Norwegerinseln überblicken. In dem blauen, sonnenflimmernden Meer lächeln heute in den Farben des Sommers die Küsten mit den furchtbaren Namen: Bangenhuk, Jammerbucht, Verlegenhuk und Sörgebai.

Das Wasser ist so still und klar, daß man in seinen Tiefen die grünlich sonnenbeschienenen Felsrippen und Klippen aufleuchten sieht, man sieht die dunkeln Tangwälder, deren Arme unser Boot berühren. Dort wo die Klippen aus dem Wasser ragen, sitzen zu Hunderten in der Sonne dösende große weiße Möwen.

Nachdem wir die Grohuker Landzunge passiert haben, tut sich vor uns die Wijdebai auf. In ergreifender Schönheit träumt sie in Stille und Sonne ihr unberührtes, weltfernes Dasein.

Stundenlang fahren wir über den unübersehbaren Fjord, der sich in einer Länge von hundert Kilometer landeinwärts erstreckt. Wir halten uns am westlichen Ufer, bald dicht unter hohen Felswänden, bald weiter draußen, wegen der Untiefen und Bänke, die den Flußmündungen und großen Tälern vorgelagert sind. Im Osten begleitet uns eine märchenhafte Küste. Kantige Felsen aus uraltem Granit wechseln ab mit in den Fjord hinabwuchtenden Gletschern. Und über dem seltsam geformten Gebirge liegt das hohe, starre Eisschild Neufrieslands.

Mein Mann erzählt von der Hundeschlittenreise im vorigen Frühjahr, die er mit dem Gouverneur Ingstad zusammen im rasenden Schneesturm über Neufrieslands Eisflächen gemacht hat.

Karl sieht verträumt nur auf einen einzigen Punkt. Am Fuße jenes Gebirges an der Mosselbai liegt Bangenhuk, der Platz, an welchem er im gleichen Jahre mit seinem siebzigjährigen Kameraden Anders Andersen aus Tromsö überwintert hat, jenem verknitterten alten Männchen und früheren Überwinterer, dem es vor der Ausreise gelungen war, vor dem Seekontrollamt sein Alter um zehn Jahre jünger anzugeben, um die Erlaubnis zu bekommen, noch einmal in seinem Leben als Fänger auf seinem geliebten Spitzbergen zu überwintern.

Die erste Unterkunftshütte entdecken wir nach den Angaben ihres Erbauers in einer entzückenden Bucht am Fuße eines dunklen Berghanges. Die Jäger haben einen feinen Sinn dafür, landschaftlich schöne

Plätze für ihre Hütten ausfindig zu machen. Freilich spielten bei der Wahl des Standortes für eine Hütte auch die Nähe einer Süßwasserquelle und ein guter Anlegeplatz für die Boote am nahen Ufer eine Rolle. Wir sind alle drei sehr erstaunt, als die Hütte im nächsten Moment von ihrem Platz wie weggeblasen ist. Sie erscheint aber nochmals wie aus der Versenkung, so daß man Türen und Fenster unterscheiden kann, und dann ist sie ganz verschwunden.

„Spökelseshüs" (Gespensterhütte), sagt Karl und schüttelt sich komisch.

An Land gekommen, laufen wir den steilen Strandwall hinauf, dann verstehen wir den Spuk. Anstatt einer Hütte steht da nur das Balkenwerk einer solchen.

Diese Hütte, zu deren Fertigstellung entweder Zeit oder Bretter gefehlt haben — die Jäger rudern das Hüttenmaterial oft tagelange Strecken im Boot —, kommt als Unterkunftshütte nicht in Betracht. Es werden nur Köder ausgelegt, um die Füchse im Umkreis der Hütte zu den Fallen zu locken.

Die ganze Bucht, die auf der Karte noch keinen Namen hat, nennen wir „Spökelsesbucht".

Die nächsten Unterkunftshütten, die in Abständen von vier bis acht Wegstunden an der Küste entlang liegen, sind die originellsten und historisch interessantesten von ganz Spitzbergen. Einstmals lagen solche Hütten auf allen Küsten der Insel. Heute sind sie nur noch in der Wijdebai erhalten. Sie wurden vor ungefähr zweihundert Jahren von den ersten überwinternden Jägern, Russen, darunter auch russischen Mönchen des Klosters Solowetzky, erbaut. Einer dieser Mönche, Fürst Staratschin, lebte zweiunddreißig Jahre als Jäger auf der Insel. Hohe Holzkreuze geben heute noch Zeugnis von im Freien abgehaltenen Gottesdiensten. Ihre Gräber auf kleinen Halbinseln mit weiter Sicht findet man auf ganz Spitzbergen.

Die Russenhütten sind durchweg aus mächtigen Treibholzstämmen, die die Strömung von den sibirischen Flüssen herüberträgt und anschwemmt, gezimmert. Das Holz ist durch die jahrelange

Drift im Meer, durch Wind, Sonne und Eis schneeweiß geblichen. Durch das Gewicht sind die Hütten tief in den Boden gesunken. Wie kleine bleiche Puppenhäusel wirken sie in dem großzügigen, steinigen Land. Die flachen Dächer sind mit Gras bewachsen, worunter sich eine blaue Tonschicht befindet. Diesen Ton brachten die Jäger aus ihrer Heimat mit. Er soll auch heute noch gegen Regen und Schnee durchaus dichthalten.

Die erste Russenhütte, die wir in Augenschein nehmen, „Torenhüs" mit Namen, ist bis zur Hälfte unter angeschwemmtem Sand begraben. Das kleine Fenster ist von Bären zerschlagen, auf der Koje liegt Tang, den eine Springflut hereingeschwemmt hat. Der Ofen ist zerfallen.

Auch hier werden nur im Umkreis der Hütte Köder ausgelegt.

Auf der Weiterreise wird die Westküste immer steiler. Wir kommen an hohen Felswänden vorbei, die von der Brandung ausgewaschene kolonnadenartige Fassaden haben. Möwen begleiten stundenlang unser Schiff, und Seehunde schwimmen so nahe unserm Boot, daß man sie atmen hört. Die Jäger sind in friedlichster Stimmung. Sie singen und denken heute nicht ans Schießen.

Unser nächstes Ziel ist die berüchtigte „Villa Rave". Den Titel Villa verdient diese Hütte nicht. Es ist ein jämmerlicher schwarzer Dachpappenanbau an eine zerfallene Russenhütte, inmitten einer kahlen Landzunge gelegen, von Wasserlachen und Treibholz umgeben, denn auch hier kommt bei Nordsturm das Meer zur Hütte. Die Tür ist von angeschwemmtem Sand eingedrückt. Auch das Innere zeigt Spuren des eingedrungenen Eises. Ein kleines, schief in die Wand eingelassenes Fenster genügt gerade, die ganze phantastische Verwahrlosung zu beleuchten. Die schwarzen Wände sind nach innen gebogen, vom Druck der von außen angeschaufelten Erdmassen. Die schief an den Wänden angebrachten Kojen sind mit schimmligen Renntierfellen bedeckt. Alles ist in grotesker Willkür der Formen gezimmert, schwarz und verräuchert. Das Ganze mutet an wie eine krankhafte Vision des Grauens.

Der Wind pfiff durch die Bretterwände, und leise wehten die scheußlichen Füchse im Wind (S. 73).

Das hindert aber die Männer nicht, gerade hier eine längere Mittagsrast zu halten. Karl bringt einige Eissplitter aus einer nahen Lagune als Kochwasser und ein Stück Abgesäbeltes vom Seehund im Boot. Während ich koche, versucht Karl, mir mit seinen Erzählungen den letzten Rest von Appetit zu verderben.

Die Hütte steht im Ruf, allen Expeditionen Unglück gebracht zu haben. Tod und Skorbut haben hier hartnäckig gehaust. Eine Frau, die hier mit überwintert hat, starb auf der Heimreise im Boot, und ein Mann „von große wissenschaftliche Expedischun hat hier seiner erfrorener großer Zehe gelassen. Hier, durch dieses Loch im Dach wurde einmal in der Winternacht ein Bär geschossen."

Zu meinem größten Entsetzen wird die Hütte für vollwertig erklärt, um hier bei winterlichen Touren nächtigen, nötigenfalls bei Eintritt von schlechtem Wetter auch längere Zeit hausen zu können. Proviantkisten und Schlafsäcke werden hereingebracht und gutes Kochgeschirr an die Wände gehängt.

Um das windstille Wetter zu nützen, fahren wir weiter. Die Sonne geht ihre flache Bahn hinter dem Gebirge im Westen, und der Zauber der hellen arktischen Nacht umfängt uns.

Immer wieder erscheint es mir wie ein Wunder, daß die Abendröte nicht wie bei uns unter dem Horizont verschwindet, sondern nach und nach wieder langsam in die Höhe steigt. Sie zieht einen Streifen pastellblaue Nacht mit sich empor über die Gebirge. Das blaue Licht gießt sich über die seltsame Landschaft und gibt ihr die verklärte Weichheit und Weihe, die alle Dinge hier oben in der hellen Nacht annehmen.

Vor dem südlichen Strand der nächsten Unterkunftshütte schaukeln im Windschutz Hunderte von schlafenden Eidervögeln auf dem Wasser, wie eine große schwarze Insel. Langsam schwimmen sie dem Boot aus dem Wege. Um diese Jahreszeit sammeln sich die Vögel für ihren Flug südwärts. Die Eidermännchen haben schon kurz nach dem Schlüpfen der Jungen Spitzbergen verlassen. Die Weibchen ziehen im Herbst südwärts. Die Jungen verbleiben während der Winternacht im Norden.

Die kleine „Russebu" in ihrer stillen Verlassenheit, zwerghaft klein und weiß, am Fuße eines dunklen, steilragenden Berges, im magischen Licht der blauen Nacht, hat keine Ähnlichkeit mehr mit einer menschlichen Behausung.

Nachdem die schweren Stämme von der kleinen Hüttentür entfernt sind, kriechen wir auf allen vieren durch einen kleinen Vorraum in einen noch winzigeren Wohnraum, in dem keiner von uns aufrecht stehen kann. Das Ganze ist wie eine niedrige, kleine, schwarze Grabkammer. Aber die Jäger schwärmen von der Backofenwärme und Gemütlichkeit dieser Hütten bei winterlichen Touren.

Wir kochen Tee auf dem primitivsten Ofen, den man sich vorstellen kann. Es ist eigentlich nur ein Blecheimer, auf Steine gestellt, mit einem Rohr. Eine verbogene Pfanne dient als Kochplatte.

Die weitere Bootsfahrt verbringe ich schlafend in meinem Fellsack und erwache erst, als die Jäger mit absichtlicher Vehemenz das Boot auf einen neuen Strand auffahren lassen.

Ich traue meinen Augen kaum. Eine strahlende Morgenröte beleuchtet ein an sich schon rotes Land. Rot ist hier das Meer, rot die Felsen, rot der Strand und rötlich die Treibholzblockhütte.

Roter Wüstensand sei das hier, Sand aus der Urzeit unserer Erde, bekomme ich auf meine Fragen geantwortet.

Ohnedies schon vollständig betäubt von der Farbenorgie der Landschaft, höre ich von der schwindelerregenden Vorstellung, daß auf diesen Breiten einmal Wüstenklima geherrscht haben soll. Ich höre von gewaltigen Kräften des Erdinnern, die Wüstensand zu Gebirgen umzuwandeln vermochten, von den unfaßbaren Zeiträumen, in welchen solches vor sich ging und das Land mehrere Male unter und wieder über den Ozean tauchte.

Neben der rosa Hütte ist ein kleines Gärtchen, das vielleicht einmal ein Jäger, der Sehnsucht nach seiner Heimat hatte, aus zusammengetragenem Unkraut und Moos gepflanzt hat. Hier ist das wilde Gärtchen, das nicht größer ist als ein Quadratmeter, eine Wundererscheinung, im unabsehbaren Rot ein jubilierendes Fleckchen Grün.

Mittlerweile hat Karl, der sich weder von Farben noch von geologischen Vorstellungen verwirren läßt, in der rosa Hütte einen knallroten Kakao gekocht. „Ich mußte den Kakao so dick einkochen", sagt er zu seiner Entschuldigung, „damit man nicht merkt, wie rot und sandig das Lagunenwasser hier ist, das ich zum Kochen nehmen mußte."

Wir fahren weiter. Nach etwa zwanzigstündiger Fahrt nähern wir uns dem Endziel unserer Reise. In der Kühle des Morgens hat sich der ganze Fjord mit einer dünnen Eisschicht bedeckt, die der Kiel unseres Bootes leise klirrend in dünne Eisscheiben zerspringen läßt. Sieghaft steigt die Sonne über den Horizont und beleuchtet strahlend eine grandiose Landschaft von steilragenden, grellroten Felsen, den beiden Fjordenden der Wijdebai, in die der gewaltige Mittagleffler-gletscher herabströmt. Das Bergland Neufriesland löst sich hier in unzählige markante Zacken und Grate, die aus den Gletschern herausragen.

Da liegt die kleine Insel Corspynthen im Fjord, die nur zeitweise durch einen schmalen Sandstreifen mit dem Festland verbunden ist. Die zierlichen, auf der Insel nistenden Seeschwalben umfliegen kreischend unser Boot. Am Eingang einer großen, rotsandigen Lagune, in deren Sonnenwasser sich unzählige weiße und schwarze Seevögel tummeln, gehen wir in einer kleinen idyllischen Bucht an Land.

Die kleine Hütte, meines Mannes vorjährige Überwinterungshütte, die beschwert und ummauert ist von schweren Schiefersteinen, liegt dicht am felsigen Ufer. Im Innern — und das ist vielleicht die größte Überraschung der Reise, hier im entlegensten Winkel des Fjordes, wo man es am wenigsten erwarten würde — kommen wir in ein urgemütliches, gepflegtes Stübchen. Durch die kleinen Fenster mit rot karierten Gardinen fällt die Sonne auf einen kleinen gedeckten Tisch, auf eine bequeme Koje und ein kleines „Sofa“. An den Wänden, die mit hellbraunem Papier verkleidet sind, hängen Landkarten, Barometer und Feldstecher. Und auf dem kleinen Fensterbrett vor dem Tisch steht die eingerahmte Fotografie unserer kleinen Tochter.

Wir sitzen beim dampfenden Kaffee, mit Blick auf die lebensfreudige Vogellagune mit den rotglühenden Bergen im Hintergrund. Dann schlafen wir, teils auf improvisierten Betten aus Brettern und ausgehängten Türen, den wohlverdienten Schlaf nach der langen Bootsreise. Durch die offene Hüttentür dringt die Sonnenluft, ab und zu ein Vogelschrei und das Gepiepse der kleinen Strandläufer.

Wir bleiben einige Tage auf der kleinen romantischen Insel mit der herrlichen Sicht. Auf dem roten Wüstensand wachsen kleine grellfarbige gelbe und lila Blümchen, dazwischen liegen vermooste Renntiergeweihe und riesige Walwirbel, die im Lauf der Jahrhunderte porös und weiß geworden sind. Ein Grab liegt auf der Anhöhe der Insel und unter dem kleinen Holzkreuz ein verlassenes Eiderentennest.

Einer der verwegensten Jäger, dessen Taten fast schon mythisch unter den Heutigen weiterleben, liegt hier begraben. Er ist einmal von Kong-Karl-Land quer über das Meereis der Olgastraße allein gegangen bis hinüber nach Spitzbergen. Lange Zeit später starb er auf der kleinen Fjordinsel, wie man sich erzählt, mit einem Fluch auf den Lippen.

Die Jäger reparieren die Fallen im Umkreis der Insel und sammeln Brennholz für den Winter. Am ersten Vormittag unseres Hierseins bringen sie von ihrer Fahrt nach Trinkwasser ein buchstäblich bis zum Rand gefülltes Boot mit Fleisch nach Hause. Sie hatten unterwegs eine Storkobbe — großer Seehund*), fünfhundert bis sechshundert Kilo schwer — geschossen. Allein die Leber füllte einen großen Eimer, und der andere Eimer war voll von dem aufgefangenen Blut.

*) Bartrobbe.

Karl buk nun Blutpfannkuchen, eine Spitzbergener Jägerspezialität, die er fast alle allein mit Behagen verschlang, wohingegen wir an dem Gericht nur gezwungenermaßen wegen seines hohen Vitamingehaltes nippten.

Die Sonne scheint, der Ofen ist gut und hat ein Backrohr. Ich habe alles Zubehör zum Kuchenbacken gefunden, und so leben wir drei auf der kleinen Insel wie im Schlaraffenland — üppig und sorglos.

Nur einen Fehler hat die Gegend: das Wetter schlägt noch rascher um als sonstwo in Spitzbergen.

Wir waren eines Tages bei klarstem Wetter in den Westfjord gerudert, um dort ein „davongeflogenes Boot“, das ein Herbststurm vergangenes Jahr aus der Nähe der Hütte weg über den Strand geschleudert und fjordeinwärts getrieben hatte, zu suchen.

Wir ruderten über das Meer, das hier stellenweise rot gefärbt ist wie eine undurchsichtige Farbbrühe. Nach zweistündiger Fahrt werde ich in einer kleinen Hütte am Fuße des Kap Petermann abgesetzt. Zum größten Erstaunen der Männer steht die Hütte noch, sie hätte ebensogut vom nahen Gletscherbach weggeschwemmt sein können. Hier soll ich Trinkwasser suchen und eine Jause bereiten, während die Männer am Ufer entlang weiterrudern und nach dem Boot fahnden.

Ich gehe mit einem Kessel auf die Suche nach Trinkwasser. Das Gletscherwasser ist zu rot und zu sandig zum Kochen. Ich komme an burgartigen dunklen Felsen vorbei und herabhängendem rötlichem Gletschereis. Unüberschreitbare Gletscherbäche versperren mir überall den Weg. Von Trinkwasser weit und breit nichts zu entdecken.

Da sehe ich auf meiner Wanderung aus dem roten tonigen Sand eines Gletscherbaches einen Zipfel blaukarierter Leinwand herausragen. Ich angle danach und ziehe nach und nach ein Riesenstück Leinwand heraus, das ich bei näherer Betrachtung als ein Stück aus meinem europäischen Wäscheschrank erkenne. Später erfahre ich, daß dieser Bettbezug meinem Mann als Segel gedient hat, das am davongeflogenen Boot befestigt war. Ganz in der Nähe des Fundplatzes finde ich dann im roten Gletscherwasser einen kleinen Strudel klaren Wassers — eine Trinkwasserquelle im Gletscherbach.

Ich koche Tee in der Hütte, die von einem Gletscherbach halb unterspült ist und eigentlich nur noch von den riesigen Baumstämmen gehalten wird, die von allen Seiten dagegengelehnt sind. Die Koje hängt über einem schäumenden Abgrund und ebenso das kleine Tischchen, auf dem friedlich eine Kerze klebt. Der Ofen steht noch auf dem Trocknen. An den Wänden hängen Kochtöpfe, auf den Regalen steht Geschirr.

Dann sitze ich vor der Hütte und warte auf die Rückkehr der Männer. Um mich erhebt sich die gigantisch öde Felsenlandschaft. Die Stille der Luft ist zerrissen durch die jämmerlichen Schreie einer kleinen weißen Möwe, die hoch über mir in den Lüften kreuz und quer getrieben wird von einer Schmarotzerseeschwalbe. „Tyviu", Dieb, nennen die Jäger jenen schwarzen satanischen Vogel, der sich niemals selbst Futter sucht, sondern dieses einsam fliegenden Möwen abjagt.

Drüben am Fjordeingang dringt eine niedrige Nebelbank herein. Sie rückt rasch näher. Da kommen auch schon die beiden Jäger am Ufer entlang mit dem gefundenen Boot und winken zur raschen Nachhausefahrt, bevor der Sturm losbricht. Der Tee bleibt ungetrunken.

Aber wir kommen nicht weiter als bis in die Mitte des Fjordes, da kommt auch schon der Wind dahergepfiffen. Die Nebelmassen wälzen sich dicht über das Wasser, ballen sich an den Felswänden zusammen, steigen drohend in die Höhe. Das rote Meer gerät in Bewegung. Eine Woge nach der anderen rollt unter der undurchsichtigen Nebelwand hervor. Der Wind nimmt rapid zu. Die beiden Männer legen sich ins Zeug, daß ihnen das Wasser von der Stirn rinnt. Karl in seinem lecken Boot muß mehr Wasser schöpfen, als er rudern kann. Wir in unserem schweren Boot kommen kaum vom Fleck gegen See und Wind und den obendrein noch auflaufenden Strom. Wir sind aber vor der seichten Mündung des Landingsdalen. Die See bricht sich davor bis weit hinaus. Kommen wir vorbei, oder treibt uns der Sturm dorthin?

Schließlich müssen wir es aufgeben, wir schaffens nicht mehr. Kaum fünfzig Meter lang ist der grobe, steile Strand, auf den wir zuhalten, rechts und links sind hohe Felsufer.

Die beiden Boote liegen dicht nebeneinander. Eine Woge nach der anderen rollt unter ihnen dahin. Die Männer halten sie „auf der See", jeden Muskel angespannt. Eine ganz große See rauscht daher, die Männer rudern wie besessen, auf dem Rücken der Woge gleiten die Boote knirschend an Land. Blitzschnell werden sie quergerissen, und die nächste See wirft sie hoch bis zum Treibholz hinauf.

„De gikk jo fint!" — Das ging ja gut — sagt Karl und steckt sich seine Pfeife an. Dann werden die Boote höher hinaufgezogen zwischen Felsen und Moos und umgedreht. Da müssen sie liegenbleiben, bis das Wetter besser wird.

Uns bleibt nichts übrig, als zu Fuß nach Hause zu gehen. Naß sind wir von der See, und der Nebel ist drückend schwer. An dem mächtigen Schutthang entlang krabbeln wir oft über mannshohe Blöcke, unter uns das rauschende Meer, über uns der jagende Nebel. Ich habe wieder einmal das Gefühlvon Ameisenkleinheit in diesen gewaltigen Ausmaßen des Landes, und ich bekomme einen schwachen Begriff von den Schwierigkeiten der Touren der Jäger im Herbst.

Das Landingsdalen, ein Labyrinth von seichten Flußarmen, müssen wir durchwaten. Karl in seiner unverwüstlichen guten Laune erfindet eine Art, über die Flußarme zu springen, daß nicht nur er, sondern auch wir möglichst naß werden. Wie ein ausgelassenes Kind patscht er zuletzt mitten in die größten Pfützen hinein. Als wir schließlich über den drei Kilometer breiten Fluß sind, sind wir vollkommen mit rotem Lehm bespritzt.

Der Wind flaut ab, so erstaunlich rasch, wie er gekommen ist. Der in Aufruhr geratene Fjord glättet sich auch wieder. Die Nebel senken sich, und es fängt an zu regnen. Nun liegt der Fjord in bleierner Stille. Eine Storkobbe liegt auf dem stillen Wasser und schläft behaglich in der lauen Luft. Mit ihren aus dem Wasser ragenden Nasenlöchern und ihrer tropischen Ruhe hat sie Ähnlichkeit mit einem Nilpferd.

Den nächsten Tag strahlt die Sonne wieder so warm und stechend wie den ganzen Sommer nicht. Die Männer gehen in den Westfjord und holen die Boote. Kaum zu Hause, schlägt das Wetter wieder um, und es stürmt zwei Tage lang aus Süd.

Der Fjord brodelt und brandet um die kleine Hütte. Ab und zu fegt der Gischt prasselnd an die Fenster. Nun ist es erst recht gemütlich in der Hütte. Die kleine Petroleumlampe brennt.

„Zum erstenmal brennt die Lampe“, sagen die Jäger und schauen schwermütig in das Licht. Es muß ein großer Moment sein, wenn in diesen Breiten zum erstenmal die Lampe angezündet wird. Ich kann bei der sentimentalen Feier nicht mittun, denn bei uns in Europa ist eine brennende Lampe nichts Besonderes.

Mein Mann erzählt uns von seinen einsamen Überwinterungen auf der hiesigen kleinen Insel. Er erzählt von Jäger Björnes, seinem Nachbar, der jedes zweite Jahr auf der gegenüberliegenden Seite des Fjordes überwintert. Björnes, der treu besorgte Kamerad, kam manches Jahr noch im stürmischen November, nach Anbruch der dunklen Zeit, über den Fjord gerudert, um seinem Nachbar frische Schneehühner zu bringen als Winterproviant.

Wir hören von der Jagd nach einem Heringshai, den mein Mann im letzten Dämmerlicht des Novembers für einen Seehund gehalten hatte und dem er nachgerudert war. Glücklicherweise traf der Kugelschuß tödlich, sonst hätte sich ein lebensgefährlicher Kampf entsponnen, da die Haie das Boot mit einem Schwanzschlag umzuwerfen vermögen.

Wir hören von der Schlittenhündin Siri, die vergangenes Jahr um die Weihnachtszeit in dem Hundestall nebenan in Nacht und eisigster Kälte acht Junge geworfen hat.

Wir hören von der ganzen Romantik dieser kleinen, sturmumpeitschten Insel im Fjord.

Als das Wetter wieder aufklart, beschließen wir schleunigst die Nachhausefahrt, damit uns nicht hier noch die Äquinoktialstürme, von denen Karl schaudernd immer öfter spricht, überraschen.

Das Boot ist diesmal nur beladen mit den Brettern eines abgerissenen Schuppens, die für den Bau meiner kleinen Kammer bestimmt sind. Auf der Rückreise überrascht uns in der Nähe der Villa Rave der Fjord mit einer langgezogenen Dünung, den Ausläufern eines Meersturmes.

Die Luft aber ist bleiern still. Karl prophezeit großen Sturm und rät zur Unterbrechung der Fahrt. Ich aber bitte händeringend, die Reise fortzusetzen, um nicht in der schauerlichen Villa Rave übernachten zu müssen. Lieber im Sturm kentern, durchs kalte Wasser schwimmen und zu Fuß weitergehen durchs öde Land.

Aber die Weiterfahrt ist unheimlich. Luftspiegelungen verzerren alle Konturen. Das Land sieht aus, als wäre es von Wassermassen überspült. Karls lustige Lieder sind verstummt, er hat keinen Tabak mehr, ich bin halb seekrank, und mein Mann fällt fast aus dem Boot, während er im Dämmerlicht das Wasser nach Untiefen absucht. Aber am Himmel, mitten in den leuchtenden Dämmerfarben, funkelt der erste Stern. Der erste Stern nach vielen hellen Nächten.

Die Männer werden sentimental, ich aber nur noch mehr seekrank.

Es ist schwer, bei der hohen Dünung durch das Klippengebiet des Grohuker Oddens hindurchzukommen. Wir danken Gott, als wir endlich am heimatlichen Gestade Grohuk ins Wasser springen. Trockenen Fußes an Land zu kommen, ist bei der Brandung unmöglich. Wir finden die Hütte so, wie wir sie verlassen haben, nur die aufgehängten Zwiebeln haben ausgeschlagen und ringeln sich wie Schlinggewächse vor den Fenstern.

Die Erde sinkt in den Schatten

Wir hatten nun einen Monat lang richtiggehend Tag und Nacht gehabt. Nun werden aber die Tage rapid kürzer. Sie bestehen eigentlich nur noch aus Morgen- und Abendröte. Die Sonne rollt wie eine feurige Kugel über die Gebirge. Ab und zu, wenn sie hinter den Bergspitzen läuft, guckt sie auf ihrer flachen Bahn zwischen den Berglücken wieder hervor. Unsere Schatten sind viele Meter lang und lassen uns während unserer Tagesarbeit im Freien das große Abendliche der Natur fühlen.

Wir haben nun alle Hände voll zu tun und fühlen uns gehetzt von den letzten Strahlen der von uns gehenden Sonne.

Die Schneehühner kommen von den Bergen ins Tal. Wenn die Jäger sie einfallen sehen, laufen sie mit ihren Gewehren in die schwarzen Täler. Wir brauchen noch Hühner als Winterproviant. Die Schneehühner halten sich angeblich winterüber nicht in Grohuk auf, sie sind auf der Durchreise begriffen, auf der Suche nach vegetationsreicheren Plätzen. So muß man sehen, sie zu erwischen, wenn sie, um zu rasten, hier in Grohuk niedergehen.

Man würde die Schneehühner schwer finden, sähe man sie nicht einfallen. Ihre schwarz-weiß gefleckte Schutzfarbe gleicht sie derart dem Boden an, dessen schwarze Steine jetzt stellenweise beschneit sind, daß man sie erst auf ein bis zwei Schritt erkennen kann. Die Vögel sind intelligent genug, „dumm“ sitzenzubleiben, wenn sich ein Verfolger naht. Man kann durch ein Steinfeld, dicht besät mit Schneehühnern, gehen, ohne etwas von ihrer Gegenwart zu bemerken. Erst in ganz kritischen Momenten erhebt sich der Vogel und fliegt dann leichtbeschwingt wie eine Möwe weit fort.

Auch für den Fuchsfang ist noch allerhand vorzubereiten. Die

Jäger schnitzen hundertweis „Matstikker", das sind lange Stöcke, an die die Köder, Hühner- und Entenköpfe, befestigt werden. Zerrt der Fuchs am Köder, dann fallen die aufgestellten „Mechanismen" zusammen und lassen die Holzrahmen, die mit großen Steinen beschwert sind, auf den Kopf des Fuchses fallen, wodurch er sofort getötet wird.

In dem allgemeinen Hetztempo ist auch mein Kämmerchen fertig geworden. Doppelwandig, innen mit dickem rosa Papier benagelt, mit einem doppelten Fußboden, der mit Asche gefüllt ist, ist es flaschendicht. Es ist nicht größer als hundertzwanzig mal hundertachtzig Zentimeter, aber alles ist da untergebracht. Eine Koje, ein großes Regal, ein Tischchen, das von der Koje unterhalb des Fensters zur gegenüberliegenden Wand geht und eine als Waschtisch eingerichtete Schublade hat. Der kleine Raum ist entzückend und appetitlich. Das niedrige, breite Fensterchen hat Sicht auf die südlichen Gebirge, und der kleine Puppenofen gibt eine angenehme Wärme. Die Spitzbergener Kohle hat die Eigenschaft, zu einem Klumpen zusammenzuschmelzen, der den ganzen Tag glüht.

Wenn ich Zeit habe, nütze ich die letzte Helligkeit und laufe den Strand entlang, um Birkenrinde zu sammeln, die ausgezeichnet ist als Zünder beim Einheizen und die ein gütiges Geschick aus weiß Gott welcher Weltgegend für die armen Überwinterer anschwemmen läßt.

Allerhand Erinnerungen an tragisches Geschehen liegen da am Strand. Bootsplanken und Rettungsringe mit fast verwaschenen Schiffsnamen. Ein Brettchen fand ich mit der noch gut leserlichen Aufschrift: Cpt. Nobile.

Ich sammle alles, was verwendbar ist, auch angeschwemmte Kleider. Hier ist alles wertvoll. Karl sammelt die Rohgummistücke, die noch von versenkten Schiffen aus der Zeit des Weltkriegs hier oben angetrieben werden. Er verwendet sie zum Schuhdoppeln. Stolz brachte er unlängst zwei Tischbeine nach Hause, die aus Mahagoniholz sein sollen und die er zum Schnitzen verwenden will.

Der von den letzten Sonnenstrahlen Gehetzteste aber ist unser kleiner Mikkl. Er erscheint jetzt nur noch kurz und eilig bei der Hütte. Sein Sammeleifer grenzt ans Wahnhafte. Er schleppt alles, was nicht niet- und nagelfest ist, in seinen Bau, nicht nur Freßbares. Unlängst trug er im Galopp den Bambusstab mit dem Thermometer weg. Sogar das später für ihn bestimmte Fuchseisen schleppte er rasselnd davon.

Mikkl sammelt für den Winter und hat noch immer nicht begriffen, daß hier alles auf seinen Tod abgezielt ist.

Immer wieder frage ich die Jäger, ob es denn nicht einen Ausweg gibt, Mikkls Leben zu schonen. Karl meint, man müßte eine Falle konstruieren, in der sich Mikkl lebend fängt. Dann müßte man ihn aber den ganzen Winter über in der Hütte halten, damit er nicht in eine der aufgestellten Fallen im Terrain gehe. Karl hat lebende Füchse auf Jan Mayen gefangen. Er sagt, das mit den ebenden Füchsen sei sehr mühsam. Die zwei Jäger wollen sich nicht mit außergewöhnlichen Sachen aufhalten, die Zeit rast, sie wollen vor Eintritt der Dunkelheit die beiden großen Jagdfelder abgegangen haben.

Mikkl beweist uns jetzt seine Anhänglichkeit dadurch, daß er nachtüber bei der Hütte schläft. Auf seinem Lager von Stroh liegt er zusammengeringelt mit dem buschigen Schwanz über der Nase. Herrlich paßt der schlafende, weißstrahlende Fuchs in die Stille der Nacht, die immer noch in magischer Helle verbleibt. Mikkl ist wie ein Stück aus der geheimnisvollen Zeit des Eises, die in der eisigen Stille und Klarheit der Natur schon irgendwie verborgen liegt. Der Mond steht am durchsichtigen Himmel, groß und nahe, nicht wie bei uns in Europa fern und mit kaltem Licht. Hier ist er wie zu unserer Welt gehörig, das klare Bild einer scharf umrissenen Eislandschaft.

In seinem Gehaben bekommt aber Mikkl etwas Scheues. Alle Tiere werden scheu in der Winternacht, sagen die Jäger. Er schleicht jetzt oft wie eine Katze und schrickt zusammen, wenn man ihn anruft. Aber wenn ich zur Trinkwasserlagune gehe, dann taucht er irgendwo auf und trappst neben mir her.

„Armer Mikkl, du trappst in dein Verderben. In wenigen Tagen beginnt der Fuchsfang, sie trachten dir nach deinem Leben. Dein schönes Fell ziehen sie dir über den Kopf und verschicken dich weit dorthin, wo die vielen Menschen beieinander wohnen. Dort bekommst du glitzernde Augen aus Glas und hängst dann in einer der tausend glitzernden Auslagen in einer der tausend glitzernden Straßen, neben anderen tausend glitzernden toten Dingen. Weißt du, Mikkl, dort wissen die Menschen vor lauter künstlichem Geglitzer gar nichts mehr vom Licht, seinem Kommen und Gehen und der Magie der Dämmerung."

Ich schöpfe Wasser aus der Lagune, es ist so klar, daß man die rostbraunen Algen am Grunde sieht. Mikkl schleckt auch etwas von dem klaren Wasser, aber ohne mich dabei aus den Augen zu verlieren. Plötzlich hebt er den Kopf, er starrt mich an, als sähe er mich das erstemal in seinem Leben. Aus seinen aufgerissenen, grün glühenden Augen bricht das Entsetzen, dann macht er ein paar Sprünge zur Seite und läuft davon, ohne sich ein einziges Mal umzudrehen. Er läuft über die schwarze Steinebene und verschwindet schließlich, meinen Augen winzig klein, am Fuße der gewaltigen schwarzen Berge.

Vielleicht werden sie hellsehend, die Tiere, bei zunehmender Dunkelheit, und sehen dann das wahre Gesicht des Menschen?

Einmal, als noch die Männer schnitzen, stehe ich auf der Hüttenschwelle und sehe in den aufklarenden Himmel im Süden, der tagelang von Wolken bedeckt gewesen war. Jetzt leuchtet er im herrlichsten Morgenrot. Es ist zwölf Uhr mittags, als die Sonne aufgeht. Sie steigt halb über den Horizont und — sinkt dann wieder hinab und verschwindet. Ich begreife nur langsam und mit Schaudern, daß dies der furchtbare Moment war, wo die Sonne in diesem Jahr für uns das letztemal geschienen hat.

Ich laufe hinein zu den Männern.

„Stimmt schon“, sagen die seelenruhig und schnitzen weiter, „heute ist der sechzehnte Oktober, und nun kommt die Sonne erst am fünfundzwanzigsten Februar wieder zu uns zurück.“

Ich rechne aus, daß die Nacht hundertzweiunddreißig Tage dauern wird.

Der Kampf zwischen dem schwachwerdenden Licht des Tages und dem sieghaft werdenden Licht des Mondes bringt nun verwirrende Kontraste in die eisklare, wuchtig öde Landschaft. Immer neue Bilder erscheinen, wenn der Himmel aufklart.

Heute erstrahlt der Himmel im blauen Licht des entschwundenen Tages. Im Norden steht ein rotgelber Mond vor dem Nebel. Wie der Widerschein einer fernen Feuersbrunst wehen im rötlichen Schein die immer sichtbarer werdenden Polarlichter über den Himmel. Das Mond- und Polarlicht ist jetzt das warme, glühende Licht im Gegensatz zum kalten Blau des Himmels. Der Mond beleuchtet den Kuchenberg. („Kuchenberg“ nennen wir einen der drei Grohuker Rillenberge, der Ähnlichkeit mit einem Guglhupf hat.) Der Ausläufer des vorgelagerten Berges aber liegt im Schatten. Es sieht aus, als habe sich hinter der schattigen Bergwand der Höllenschlund geöffnet, in den der gewaltige Kuchenberg grell beleuchtet hineinsieht.

Das sind keine Bilder mehr, für Menschenaugen geschaffen. Es spielt sich in aller Stille und Weltferne, in hexenhaften Wandlungen das Drama ab, wie die Polarwelt langsam in den Schatten sinkt.

In diesem tollen Zwielicht erscheint das Treibholz, das der letzte Sturm angeschwemmt hat und das wir noch rasch sammeln wollen, bevor die Schneestürme kommen, noch weißer als sonst. Der weiße Mikkl springt hinter uns her, beschnuppert alles Holz, das wir berührt haben, als müßte es etwas Freßbares sein.

Die Blöcke, von denen manche triefend naß und bleischwer sind, manche porös und leicht wie Papier, werfen wir Karl zu, der uns am Ufer entlang mit dem Boot begleitet. Die ganz großen Stämme zersägen wir und rollen sie ins Wasser; Karl nimmt sie ins Schlepptau.

Karl arbeitet ruhig im Boot, sieht nichts vom hexenhaften Licht oder will es nicht sehen, singt gemütlich und unbeschwert sein Lieblingslied:

Meine Frau ist gar nicht schlank,
Hat Fehler allerhand,
Sie hat große Händer und Füßer,
Es mangeln ihr die Zähner,
Aber! — Sie ist mein.

Pünktlich am zwanzigsten Oktober, dem angesetzten Termin für den Fuchsfang, ziehen die beiden Jäger los ins Terrain fjordeinwärts, um die Fallen aufzustellen. Ich laufe mit. An den ersten zehn Stellen, die mir für Mikkl gefährlich erscheinen, habe ich die Jäger mit Bitten und Flehen, Püffen und dem ganzen Aufwand meiner weiblichen Koketterie glücklich vorbeigebracht. Aber bei der Trinkwasserquelle machen sie halt. Hier werden die ersten Fallen aufgestellt. Nun gehe ich nicht weiter mit. Die Jäger winken mir zum Abschied mit ihren schauerlichen Blumenbuketts von aufgespießten Hühner- und Entenköpfen freundlich zu und bitten mich, morgen um diese Zeit noch einmal hierherzuschauen, um „ihn" aus der Falle zu nehmen. „Trag ihn im Rucksack und häng ihn am Hinterbein im Hüttengang auf!"

Todtraurig gehe ich nach Hause. Keine Arbeit schmeckt mir in der Hütte, auch nicht der Schlaf und schon gar nicht das Erwachen am finsteren Morgen. Sturm und Meer brausen, und ich denke an den toten Mikkl in der Falle.

Als der dämmerungsdunkle Tag etwas heller wird, gehe ich mit einem Rucksack zur Trinkwasserquelle. Es ist ein schwerer Gang. Schneeböen jagen über das Meer, das eine gewaltige Brandung hat. „Unbarmherzige Natur! Unbarmherziges Leben!" denke ich immer wieder.

In der Nähe der Trinkwasserquelle sehe ich frische Fuchsspuren im Schnee. Natürlich! Mikkl hat hier sicher auch immer Wasser getrunken. Und als einen Moment klare Sicht kommt, sehe ich einen weißen Fuchs in der Falle. Die Falle hat wohl nicht richtig geschlagen, ich sehe von weitem, daß der Fuchs mit den Pfoten im Schnee scharrt, um sich zu befreien. Ich rase auf meinen Skiern hin, doch als ich hinkomme, ist alles still dort, nur der Wind spielt mit Mikkls Haar.

Ich kann mich nicht entschließen, ihn aus der Falle zu nehmen, ihn im Anfang seines Todesschlafes zu stören. Ich stehe lange. Eine Schneebö nach der anderen rast über die stille Falle hinweg.

Ich schaue über das bewegte Meer und den schneewindigen Strand. Da! — Ist es Täuschung, kann das sein? — Mikkl atmet noch — — es ist furchtbar! Ich habe kein Gewehr mit, um ihm seine Leiden abzukürzen — warum kommen die Männer nicht, die wüßten Rat — aber das weite weiße Land liegt regungslos. Wenn Mikkl noch einmal scharrt, dann hat er noch Leben genug in sich, dann hole ich ihn aus der Falle — — —

Mikkl scharrt noch einmal, wenn auch schon etwas matter. Da springe ich hin, reiße die großen Steine von der Falle und hebe den Rahmen. Mikkl hebt den Kopf, er ist unversehrt, er schaut mich an mit einem unbeschreiblichen Gesicht. Ich rede ihm gut zu, aber das Entsezten weicht nicht aus seinen Augen. Er scheint Durst zu haben, ich laufe nach Hause, so schnell ich kann, und hole ihm warme Milch. Oh, wie ist die Welt auf einmal so ganz anders. Die Meeresbrandung hat etwas Freudiges und Kraftvolles, wie von neuem Leben erfüllt. Der kleine Mikkl lebt!

Als ich zur Falle zurückkomme, ist Mikkl fort. Aber mein Mann steht dort. „Ich hab mir's schon gedacht“, sagt er, „du hast ihm also doch das Leben gerettet. Ich bin Mikkl begegnet“, erzählt er weiter, „er läuft fjordeinwärts. Er hat natürlich einen großen Bogen um mich gemacht.“

Den nächsten Tag bekenne ich Karl, daß ich Mikkl aus der Falle gelassen habe. „Mikkls Fell futsch“, lacht Karl. „*Spiller ingen rolle!*“ Beruhigend setzt er hinzu: „Mikkl geht in keine Falle mehr. Er wird der älteste und schlaueste Fuchs auf Grohuk werden, er wird hundert Kinder haben“ — Wir haben Mikkl nie mehr gesehen.

Allein in der Hütte beim ersten Schneesturm

Ich bin allein im rasenden Trommelfeuer eines Orkans. Ich glaube, Blizzard nennt sich so was in den arktischen Büchern. Jedenfalls habe ich niemals etwas Ähnliches in Europa erlebt. Es klingt vom Inneren der Hütte aus, als führe man dauernd im Expreßtempo über eiserne Brücken und durch brüllende Tunnels, die kein Ende nehmen.

Neun Tage und neun Nächte rast der Sturm ohne Atempause, und was das Schlimmste ist, die Männer sind unterwegs. Wenige Stunden nachdem sie fortgegangen waren, brach der Sturm los.

„Es war ursprünglich geplant gewesen, daß einer der beiden Männer bei mir bleiben sollte, eben wegen der Möglichkeit eines längeren Sturmes. Aber ich lehnte energisch ab. Ich wußte, zu zweit kämen die Männer mit allen Arbeiten im Jagdterrain rascher voran."

Ich war eben erwacht, als mein Mann zur Tür hereinrief: „Wir gehen jetzt! Wir können nicht länger auf gutes Wetter warten. In dreizehn Tagen wollen wir wieder bei dir sein. Hab keine Sorge, falls wir länger fortbleiben. Sollte in der Zwischenzeit das Packeis kommen und ein Bär nähert sich der Hütte, dann schieß ihn am besten in die Brust, und wenn er auch wie tot aussieht, schieß ihn auf alle Fälle noch mal in den Kopf. Kugelpatronen haben wir dir auf den Tisch gelegt. Und heiz gut, damit die Fuchsbälge schwitzen, und lies auch die Temperaturen ab."

Weg waren sie. Ich hörte nur noch ein paar langgezogene Skischritte, als sie sich vom Haus entfernten. Dann war alles still. Draußen war es noch dämmerig grau. Dichte Flocken wirbelten vom Himmel. Ich war froh, nicht mitgehen zu müssen, und schlief ruhig weiter.

Als ich gegen Mittag erwachte, war es noch nicht heller geworden. Ab und zu rappelten derbe Windstöße an den Hüttenwänden.

Der Wind nahm rasch zu. In das helle Sausen mischte sich der hohle, tiefe Unterton, der dem Sturm eigen ist. Nein, das war nicht das richtige Wetter für die beiden da draußen.

Mir fielen mit Schrecken all die Dinge ein, die draußen vor der Hütte vor dem Sturm zu sichern waren. Rasch zog ich mich an und stürzte, ohne viel zu überlegen, ins Freie.

So hatte ich Spitzbergen noch nicht gesehen. Die ganze Landschaft war in Aufruhr. Der Schnee trieb wie ein breiter Wasserstrom übers Land, über die Hütte hinweg und in Wolken über das schwarze Meer. Die Dünung ging seewärts. Hoch in den Lüften brauste der Sturm wie ein tiefer, langgezogener Orgelton.

Die Fensterläden waren schon im Schnee vergraben. Ich mußte sie ausschaufeln und stellte sie in den Gang. Die Skier aber standen eingerammt an einem windsicheren Platz. Das Boot lag schräg gegen den Wind, schon halb verweht. Aus seinem Inneren sah ich durch den Schnee große Steine ragen. Es war also schon gegen Sturm gesichert. Das Thermometer zeigte minus zehn Grad.

Heizmaterial war nicht allzuviel in der Hütte. Ich ging daran, die gesägten Klötze, die an der Hüttenwand lagen, zu zerhacken. So ein Sturm konnte drei Wochen dauern nach den Erzählungen der Männer. Ich hackte auf Tod und Leben. Obwohl ich im Windschatten der Hütte stand, war das Arbeiten heute kein Vergnügen. Der Flugschnee wirbelte mir ins Gesicht und zum Anorak*) hinein, den ich in der Eile nicht zugeschnürt hatte und der wie eine hartgefrorene Röhre um meinen Kopf stand. Schließlich warf ich alles, was an Brennholz erreichbar war, in die Hütte hinein, Hacke und Holzblock hinterher.

Dann wollte ich frühstücken. Ja, aber das Ofenbiest wollte heute absolut nicht brennen. Er hatte einen irrsinnigen Zug, der jede Flamme ausblies. Es kostete viel Geduld, Petroleum und Seehund-

---

*) Anorak, ein von den Eskimos übernommenes Kleidungsstück, eine Art Windjacke mit angeschnittener Kopfbedeckung.

speck, bis das Feuer endlich brannte. Und dann war es dasselbe Lied, wie immer bei Sturm: die Hitze pfiff zum Schornstein hinaus, und der Rauchqualm drang nach innen. Schließlich war draußen pechschwarze Nacht, bis ich eine Tasse heißen Kaffee in der Hand hielt.

Der Sturm war noch im Zunehmen begriffen. Der hohle, brausende Unterton war zu einem richtigen pausenlosen Donnern angeschwollen. Zwischendurch hörte man draußen an der Felsenküste die ersten dumpfen Schläge der herannahenden großen Brandung. In der Hütte war es ungemütlich. Der Ofen qualmte, und trotz allen Heizens war und blieb es kalt. Der Wind pfiff durch die Bretterwände, und leise wehten die scheußlichen Füchse im Wind. Ich fror trotz Pelzweste und Pelzhaube, und die Margarine-Blaufüchsin, eine der ersten, die ihrer Freßlust zum Opfer gefallen war, hatte aufgehört zu schwitzen.

Ich überlegte, wie lange es wohl dauern würde, bis dieser wahnsinnige Nordoststurm das Packeis an unsere Küste trieb. Ob wohl gleich mit den ersten Treibeisstücken die Eisbären angesegelt kommen? Karl behauptet es. Ob ich mir vielleicht Vorhänge für die Fenster nähe, damit ich es wenigstens nicht sehe, wenn die Bären ins Haus hineingucken? Zur Rettung der Gemütlichkeit konnte man sich ja wohl die kleine Arbeit machen.

Ich suche also gleich den blaukarierten Stoff, das gefundene Segel aus dem Westfjord, und fange eilig an zu nähen. Aber meine Hände sind steif vor Kälte und schwarz vom Ruß. Zum Überfluß geht auch noch mein Lämpchen aus. Da sitze ich nun bei dem Höllenspektakel auch noch im Finstern. Ich taste nach den Petroleumflaschen, finde sie auch, aber sie sind alle leer. Soviel ich mich erinnere, steht das Petroleumfaß draußen zwischen Hütte und Strand. Mit dem Schlauch wird das Petroleum in Flaschen gefüllt. Aber ich hatte jetzt keine Lust zu der Arbeit im Dunkeln, und wer weiß, ob ich dann wieder nach Hause gefunden hätte.

So blieb ich beim Schein des Herdfeuers sitzen. Mir kam das furchtbare Schicksal einer Jägersfrau in den Sinn, die einen ganzen Winter allein in der Hütte und ohne Licht zubringen mußte.

Es war eine junge Frau aus Nordnorwegen, die ihren Mann nach Spitzbergen begleitet hatte. Im Herbst ruderte der Jäger auf die andere Seite des Fjordes, um Fallen aufzustellen und ein deponiertes Faß Petroleum zu holen. Da kam das Treibeis in den Fjord, und der Jäger konnte nicht mehr zurück. Er konnte erst im Frühjahr, als das Eis festgefroren war, zu Fuß zurückgehen. Die Frau hatte in der Winternacht ohne jeden Beistand ein Kind geboren. Das Kind lebt. Es ist inzwischen ein strammer Bursche geworden, aber die Frau ist seit dem Erlebnis der langen Nacht und aller ausgestandenen Ängste geistesgestört geblieben.

Das Feuer im Herd brannte immer wieder rasch nieder. Was konnte ich anderes tun, um nicht noch mehr wertvolles Heizmaterial zu ve--brauchen, als schlafen zu gehen?

Ich taste mich in meine kleine Kammer. Es ist eiskalt, und angezogen krieche ich in meine kleine Koje. Das Einschlafen ist jedoch leichter gedacht als getan, denn hier ist der Lärm womöglich noch lauter. Zum Donnergetöse des Sturmes kommt noch das Schlagen und Poltern aller angelehnten Pfosten und Planken an der Ostwand. Im Ofenrohr heult der Wind, und auf dem Dach tippen und klopfen die gefrorenen Kadaver der abgezogenen Füchse, die weiß Gott zu was was für einem Zweck da oben deponiert sind.

Ob wohl so ein Sturm eine Hütte zu heben vermag? überlege ich. Warum denn sonst würde man alle die Hütten mit großen Stämmen beschweren! Hat nicht Karl von einem Jäger erzählt, der viele Tage liegend auf dem Boden seiner Hütte zubrachte, weil er glaubte, der Sturm trage sein Haus davon? Die Hütten sind nicht in den Boden gelassen, sie liegen nur wie Kisten auf dem steinigen Grund.

Und der Sturm nimmt noch zu. Bald ist kein Lärm mehr vom anderen zu unterscheiden, es ist nur ein tobendes Prasseln.

Ich sehe die beiden Männer vor mir, wie sie sich in dem rasenden Sturm und der Finsternis abmühen, weiterzukommen, entlang an den nicht endenwollenden Felswänden der Wijdebai, im Bogen herum um die weiten Lagunen. Und wenn die Villa „Rave“ erreicht war, hoffentlich stand sie dann nicht im Wasser, denn bei Nordsturm kommt ja die Flut bis zum Haus.

Aber trotz aller Sorge schlafe ich endlich fest und tief.

Und früh erwache ich in der klirrenden Hütte bei Finsternis und dem gleichen donnernden Sturm. Bei Zündholzschein sehe ich die Uhr. Sie zeigt elf. Und als ich die kleinen Vorhänge hebe, sehe ich, daß die Fenster zugeweht sind. Auch in der übrigen Hütte ist es stockdunkel, alle Fenster rundherum dick verweht.

Beim Feuermachen wieder dasselbe Theater. Meine Finger fallen fast ab vor Kälte, bevor ich in dem Ofen Feuer bekomme. Kein Schnee ist in den Eimern, um Frühstück zu kochen. So ziehe ich Stiefel und Anorak an und will mich hinausstürzen, Schnee holen.

Ich öffne die Hüttentür ... aber was ist das? Vor der Hütte erhebt sich eine senkrechte Schneewand. Aber just in Augenhöhe ist ein kleiner Ausguck geblieben, um hinauszusehen auf ein grandioses Schauspiel. Der Schnee rast dahin, und Meerwasser und Schnee wirbeln an den Ufern viele Meter steil in die Höhe. Breit und weißschäumend rollt die Brandung an die Küste.

Durch den kleinen Ausguck herein wirbelt mir der Treibschnee ins Gesicht und erinnert mich, daß ich Schnee zum Kaffeekochen holen wollte.

Ich will mit einem Faustschlag die vermeintliche dünne Schneewand im Türrahmen zerstören, aber ich schlage auf eine massive Mauer. Die Schneewand erweist sich als eine etwa zehn Meter breite, sich sanft zum Strand abböschende Schneewächte.

Das ist nun keine sehr erfreuliche Entdeckung, andererseits bin ich von Herzen beruhigt. Nun kann die Hütte nicht mehr davonfliegen, und auch die Bären können nicht ohne weiteres zur Tür hereinkommen, wie sie es oft tun sollen, wenn sie Proviant wittern.

Ich frühstücke ausgiebig und lege mir einen Kriegsplan zurecht. Ins Freie muß ich auf alle Fälle, um Kohlen und Petroleum in die Hütte zu schaffen.

Meinem Plan gemäß fange ich an, mit der Kohlenschaufel das Ausguckloch durch den Schnee zu vergrößern. Leider muß ich allen Schnee nach innen schaufeln. Und dann, als das Ausguckloch groß genug ist, um den Kopf hinausstrecken zu können, werfe ich vor allem einen scheuen Blick auf den nördlichen Horizont. Von „*islysning*"*) ist, Gott sei Dank, noch nichts zu sehen, das Packeis also noch nicht in absehbarer Nähe. Da werde ich mutiger. Ich zwänge meine Schultern durch das ausgegrabene Schneeloch und versuche mit Rumpfbeugen und Rumpfdrehungen mir einen Ausgang zu verschaffen. Dann lasse ich mich Kopf voraus die Schneewehen hinuntergleiten. Noch einige Armlängen weiter gekrochen, und ich bin beim Holzstapel, wo auch die Kohlensäcke liegen. Es ist unmöglich, sich aufzurichten. Der Sturm ist zu stark. So krieche ich auf allen vieren und versuche, in den Windschatten des Stapels zu gelangen.

Dort angelangt, will ich den obersten der Säcke vom Haufen zerren. Er erweist sich als festgefroren. Kein Wunder, der Gischt der Brandung sprizt bis hierher, und ab und zu gibt es eine tüchtige Ladung eiskalten Salzwassers ins Gesicht. Schließlich, nach einer letzten Kraftanstrengung, setzt sich der Sack in Bewegung, aber der festgefrorene Sackboden reißt ab, und die Kohlen fallen in den Schnee.

Eine Flasche Petroleum kommt zwischen den Säcken zum Vorschein. Ich stecke sie in meine Anoraktasche, glücklich über den wertvollen Fund. Der nächste Sack liegt locker auf. Er läßt sich herunterziehen, aber ich vermag nicht, ihn in gebückter Stellung hinter mir herzuschleifen.

Da erinnere ich mich, einen kleinen alten Nansen-Schlitten an der einen Hüttenwand lehnen gesehen zu haben. Den könnte ich jetzt brauchen. Also auf allen vieren zurück zur Hütte. Unterwegs sehe ich

---

*) *Islysning* — Eisblink. Das herannahende Eis, große Flächen Eises auf dem Meere werfen einen hellen Schein in den Himmel. Umgekehrt werfen Stellen offenen Wassers in vorherrschenden Eisflächen einen dunklen Schein in den Himmel.

den Griff der Schneeschaufel aus dem Schnee ragen. Mit den Händen wühlend, kriege ich die Schaufel frei.

Es ist keine Möglichkeit, zur Rückwand der Hütte zu gelangen, dorthin, wo ich den Nansen-Schlitten vermute. Der Sturm steht da wie eine Wand und erlaubt kein Vorwärtsgehen.

So beginne ich auf gut Glück an der Westseite zu graben, denn hier bin ich im Windschutz. Der angesammelte Flugschnee ist leicht, die Schaufel ist groß, und bald liegt die Tür der Hütte frei. Dann grabe ich an der Wand entlang einen Schacht. Ich stoße dabei auf allerhand Schätze: zwei Flaschen Petroleum (ich erinnere mich jetzt, daß sie für den Sturmfall da deponiert waren), dann finde ich Holzspäne, gehacktes Holz und schließlich auch den Nansen-Schlitten.

Leider ist er stark ramponiert. Ich muß in der Hütte Werkzeug suchen. Das Nageln geht schlecht mit den gefrorenen Handschuhen. Ich muß meine ganze Körperkraft zusammennehmen, um bei dem Sturm stehen zu können, und meine ganze Energie und Geschicklichkeit, um einen Nagel gerade einzuschlagen.

Schließlich kriege ich die Kohlen in die Hütte, indem ich wie ein Hund auf allen vieren krieche und den Schlitten hinter mir herziehe. Da ist es aber fast auch schon Nacht.

Wieder beginnt der Kampf mit dem Ofen, um das Mittagessen zu kochen. Wieder muß ich andauernd alle Türen aufreißen, um den Rauchqualm hinauszulassen. Und wie dann alles so weit ist und ich mich zu meinem kleinen Mahl an den Tisch setze, da ist es stockfinster geworden draußen und die Hütte denkbar ungemütlich. An den kleinen ausgeschaufelten Scheiben wächst von neuem der Treibschnee, sichtbar wie der Sand in der Eieruhr.

Ich ziehe die kleinen, neugenähten Gardinen vor die Fenster, aber das Grauen bleibt in der Hütte. Draußen brüllen Sturm und Brandung, und der Zugwind weht durch die Wände.

Und so geht es durch Tage. Unentwegt, pausenlos tobt das Irrsinnskonzert.

Langsam fangen meine Hände an zu zittern. Ich ertappe mich dabei, wie ich leise durch die Hütte schleiche, wie ich jede Arbeit langsam mit gemessenen Bewegungen verrichte, als wollte ich die Aufmerksamkeit der tobenden Gottheit da draußen nicht auf mich lenken.

Angesichts eines solchen arktischen Sturmes wird jeder Mensch wieder zum primitiven Menschen, klein und voller Ahnung. Da sind die rächenden Götter wieder. Das Gewissen steht auf und wirft sich wie ein Ungeheuer zurück auf den Menschen.

Aber in der Nacht bin ich ruhig. Ich denke an mein Kind daheim, und das gibt mir Ruhe. Ich überlege Nacht für Nacht, was zu tun ist, um hier den Sturm durchzuhalten.

Ich darf nicht müßig zusehen, wie der Schnee hier langsam über die Hütte wächst. Ich will jeden Tag, koste es was es wolle, die Tür ausschaufeln, schon damit die Männer ins Haus können, wenn sie ermüdet von langer Tour heimkehren. Ich werde auch, so oft es möglich ist, Holz hacken auf Vorrat.

Langsam, aber sicher steigt der Schnee um die Hütte. Hinter der Hütte, also von dort, wo der Schnee herkommt, wächst eine Wächte, die stahlhart modelliert aussieht wie eine Woge, die sich überschlagen will.

Tagtäglich schaufle ich nun von der Hütte aus einen neuen Gang durch den Schnee. Ich versuche es immer wieder anders. Einen Gang nach Süden, einmal nach Westen, aber jeden folgenden Tag ist der Gang verweht, und im Türrahmen steht die weiße Wand.

Da versuche ich noch etwas. Vom Holzstapel schleife ich Pfosten zur Hütte und ramme sie an die eine Seite des frisch ausgeschaufelten Ganges. Ich arbeite mit der ganzen Gewalt meines Körpers in dem wahnsinnigen Tumult des Sturmes. Ich erfahre zum erstenmal in meinem Leben die Lust, die der Kampf bringt mit einem Stärkeren.

Aber die Mühe mit dem Pfosten war umsonst. Am nächsten Tag ist das Haus noch mehr verweht denn je, und ich muß erst einen meterlangen Tunnel graben, um aus der finsteren Hütte überhaupt wieder ans Tageslicht zu kommen. Die Wächte geht übers Dach hinweg und erstreckt sich weit hinunter bis zum Meer. Wohl oder übel muß ich die schweren Pfosten wieder aus dem Schnee reißen, will ich in Zukunft nicht hoffnungslos begraben sein.

Und so arbeite ich Tag für Tag in den Stunden, da es noch dämmerig hell ist, draußen im Sturm, mit Kräften, die ich an mir nicht gekannt habe, mit einer Art wilden Draufgängertums, das mich täglich von neuem packt. Jeden Morgen habe ich das gleiche, fast zitternde Verlangen, mich hinauszustürzen in den Kampf, bis einmal plötzlich der Sturm sich legt und ein neues Erlebnis auf mein aufgepeitschtes Gemüt noch gewaltiger und furchtbarer wirkt als das durch Tage tobende Unwetter.

Zum erstenmal erkannte ich, daß die Dinge in der Einsamkeit einer überstarken Natur einen anderen Sinn haben, als wir ihnen in unserer Welt voller beständiger Wechselbeziehung von Mensch zu Mensch gegeben haben. Ich ahnte, daß einem Menschen die Behauptung seines gewohnten Menschentums in der Arktis in manchen Fällen schwerer werden mag als die Erhaltung seines Lebens im Kampf mit den Elementen.

Ruhe nach dem Sturm

Es war totenstill geworden über Nacht, und als ich früh die Hüttentür öffnete, fehlte zum erstenmal die weiße Wand. Der kleine Weg durch den Schnee war so geblieben, wie ich ihn gestern ausgeschaufelt hatte. Er führte in eine große, feierliche Stille, in eine Welt von nie geschauter, nie geahnter Pracht und Schönheit.

Es ist ganz klar geworden. Ein hoher, grünlich-blauer Abendhimmel wölbt sich über der verschneiten Fjordlandschaft. Wie eine in ihren eigenen Schattenfarben opalisierende Schale schwebt die Erde in dem durchsichtigen Himmelsraum, in dem das Licht aus fernen Quellen webt und schwebt. Tief am östlichen Horizont steht ein runder, heller, bläulich-rosafarbener Schein, der Widerschein der Sonne, die nun weit unter unserem Horizont langsam um die Erde geht. Wir selbst leben im Schatten.

Aber es ist, als hätten nun die Dinge hier oben ihr eigenes Leuchten bekommen, als strahlten sie aus sich selbst heraus in den schönsten, geheimsten Farben. All die Berge, die gewaltigen der Nähe und die fein gezackten der Ferne, sind gläsern hell von erstarrtem Eis, gläsern hell das Vorland und gläsern hell die Küstenfelsen, die, von Frost und Brandung in hohe, runde Eiskuppeln verwandelt, steil ins Meer abfallen.

Still liegt der Fjord, als hätte er nie einen Sturm gekannt, in seinem Wasser spiegelt sich die helle silberne Scheibe des vollen Mondes. Langsam geht der Schein der fernen Sonne um den Horizont. Einige langgezogene Schatten huschen, tief über den Wasserspiegel streichend, fjordauswärts. Ketten von Eidervögelmüttern scheinen es zu sein, die letzten vielleicht, die die feindlich werdende Welt des hohen Nordens verlassen. Um unsere Halbinsel aber kommt eine Schar von den Müttern verlassener Eiderjungen geschwommen. Wo waren die kleinen Vögel bei dem wahnsinnigen Sturm, der die Küste zu einem einzigen Block vereiste? Fanden sie Schutz vor den Elementen, oder haben die Elemente haltgemacht vor ihrem kleinen Leben? Wie greifen die Räder der großen Gesetzmäßigkeit ineinander, daß sie jedem das Seine läßt? Unendlich ruhig klingt das leise „Go, go, go" der Vögel, wie sie friedlich in den leuchtenden Abend hineinschwimmen, der unbekannten Furchtbarkeit der Winternacht entgegen.

Ich selbst stehe verloren an der Küste. Die Gewalt der weltweiten Ruhe packt mich, ohne daß meine Sinne sie zu fassen vermögen. Und als wäre ich nicht mehr da, so wächst durch mich hindurch der unendliche Raum, zieht durch mich hindurch das Rauschen der Meere, und an den starren Felsen zerweht wie ein Wölkchen das, was einmal eigener Wille war.

Ich fühle die gewaltige Einsamkeit um mich. Da ist nichts, was mir gleicht, kein Wesen, in dessen Anblick mein Selbst mir bewußt bliebe, ich fühle, ich verliere die Grenzen meines Seins in dieser überstarken Natur, und zum erstenmal ahne ich das gottgewollte Geschenk des Mitmenschen.

Gewaltsam wende ich mich zurück zur Hütte. Ich schnalle meine Skier an und gehe das weite Vorland hinan.

Ich gehe, weil ich mir befohlen habe, zu gehen, aber ich fühle nicht, daß ich gehe. Ich bin gewichtlos leicht wie Luft. Und auf der seltsam strahlenden Fläche fehlt mein Schatten. Mein Fuß hinterläßt keinerlei Spur in dem porzellanhart gewehten Schnee.

Und so gehe ich fast ohne Bewußtsein, ohne Halt an etwas bekannt Daseiendem durch die große Einsamkeit, durch die strahlende Dämmerung, die keine Schatten hat, durch die regungslose Stille, die zeitlos ist.

Das gleichmäßige, überlaute Knarren in der Luft dringt kaum in mein Bewußtsein, ich kann es kaum in Zusammenhang bringen mit den Schritten meiner hölzernen Skier, und noch viel mehr befremdlich ist das überhelle Klirren des Frostes.

Dann ist die Höhe mit der weiten Sicht erreicht, die ich mir zum

Ziel gesetzt habe. Da liegen sie, die fernen Küsten, Bangenhuk, Verlegenhuk, die Mosselbai, wie schimmernde weiße Fatamorganas im verträumten Blaugrau des Meeres und des Himmels. Aber weiter im Norden, da trennen sich die Farben, und über dem glasstillen Meer steigt das tiefe Dunkel der Winternacht.

Kaum wage ich es, einen Blick auf den letzten der gewaltigen, vereisten Grohuker Berge zu werfen, hinter dem sich die Wijdebai nach Süden erstreckt. Dort sind die Männer ihres Weges gezogen, vor elf Tagen, bei dem großen Sturm. Ihre Spuren sind längst verweht. So weit das Auge reicht, überall die gleichen Linien des hartgefrorenen reißenden Schneestromes.

Kämen die Männer jetzt zurück, als winzige schwarze Punkte würden sie erscheinen am Fuße des steilen weißen Berges, und sehr langsam würden sie sich nähern auf der riesigen Fläche des weiten Vorlandes. — Aber sie erscheinen nicht. Die weite weiße Ebene bleibt leer und still.

Ich kehre um und fahre nach Hause. Bei der sausenden Fahrt bergab über die eisstarre Fläche, bei der Anspannung aller Energie im Beherrschen der Muskeln finde ich endlich mich selbst wieder, und Lebensbewußtsein durchströmt Gemüt und Glieder.

Erst jetzt fällt mir das komische Aussehen meines kleinen Hauses auf. Weit vorspringende barocke Simse und Wülste hat es bekommen im Schneesturm. Die weiße Schneefassade hat nichts Hausähnliches mehr, sie gleicht vielmehr einer großen, kunstvoll gefalteten Serviette. Grellgelb ist das merkwürdige Gebilde beleuchtet vom verschwindenden Licht des westlichen Himmels und hebt sich scharf ab vom reinen Blaulila des flacheren Vorlandes.

Dann krieche ich hinein in die Hütte. Noch geblendet vom grandiosen Leuchten der Natur, erscheint mir das Innere klein und dunkel. Wie ein bizarres rußiges Theater, die Szenerie der menschlichen Behausung.

Heizen, Asche ausleeren, Schnee holen, Boden kehren, das sind so die Arbeiten, die in die Wirklichkeit zurückbringen. Das Tagebuchschreiben ist aber heute noch eine harte Nuß. Warum hat mich die Ruhe in der Natur so erschüttert? Weil der gigantische Sturm vorangegangen ist? Können wir wirklich nur im Gegensätzlichen intensiv erleben? Es ist wohl so. Denn ein leises Lied würde uns nicht erschüttern, wenn wir ein lautes nicht kennten. Wir Menschen sind nur Instrumente, über die das Lied der Welt schwingt. Wir sind nicht Schöpfer der Idee, sondern nur die Träger.

Ich verstehe immer mehr meinen Mann: „Man muß allein sein in der Arktis, um sie wirklich zu erleben!"

Vielleicht werden Menschen späterer Jahrhunderte in die Arktis gehen, so wie Menschen in biblischen Zeiten in die Wüste zogen, um zur Wahrheit zurückzufinden.

Als ich am nächsten Tag frühmorgens aus dem Fenster blicke, schimmert es auf den frostigen Scheiben im silbrigen Licht des Mondes und in allen Tönen des nächtlichen Blau. Wieder ein herrlicher Tag der Ruhe mit nächtlicher Stimmung, aber die Farben sind anders. Es spielt sich alles in den reinsten Tönen des Blau ab. Winzige kleine Wellen hat das Meer, das an den Ufern die schwarzen Steine aus dem Schnee wäscht. Eine unsagbar fein gezeichnete Uferlinie trennt das kalte Blau der Schneedecke vom durchsichtigen Grünblau des spiegelnden Fjordes.

Um diese Landschaft zu malen, müßte man die Andacht der alten Meister haben. Vielleicht kommt diese Andacht wieder unter die Menschen. Dann werden auch die Maler anders malen. Dann wird auch der Himmel wieder hell und durchsichtig sein, und alle Erde und alles Erdgeborene bekommt wieder seine silhouettenhaften Werte, und nur das, was Seele und Leben hat, wird das innere Leuchten tragen.

Heute mache ich allerhand schlimme Entdeckungen im Haushalt. Während der letzten kalten Tage ist die Kondensmilch gefroren. Die Büchsen, die noch flüssige Milch enthalten, packe ich in Decken gehüllt in die Kojen der Männer. Auch die Kartoffeln sind erfroren. Sie sind mit Eisschichten umgeben und glitzern wie Christbaumschmuck. Es bleibt mir nichts anderes übrig, als sie draußen im Schnee zu vergraben, damit sie nicht vorzeitig auftauen. Und das Schlimmste von allem, das Seehundfleisch ist verschwunden. Das letztemal, als ich es gesehen hatte, lag es vor der Hütte auf den drei in den Schnee gerammten Pfosten. Ein Fuchs konnte es nicht erreicht haben, ein Bär war doch noch nicht dagewesen. Nur der Sturm konnte es weggetragen haben.

So fange ich an, im Schnee zu suchen. Einen tiefen Graben in der Richtung des Windes hebe ich aus bis zum Strand. Nichts. Alle Sterne stehen schon am Himmel, und ich grabe immer noch.

Ich bin wirklich verzweifelt. Der Seehund war Fleischvorrat und Vitamine für den Winter. Was werden die Männer sagen zu ihrer elenden Köchin, die die Nahrungsmittel erfrieren und das Fleisch davonfliegen läßt! Aber als ich dann ganz in Hausnähe grabe, stößt meine Schaufel auf etwas Hartes. Ein paar schwarze Borsten ragen aus dem Schnee. Ich schaufle einen runden schwarzen Kopf aus dem Schnee, daran als harter Stiel der gefrorene Hals. Es ist nur der schäbige Überrest eines längst verzehrten Seehundes.

So groß die drei Proviantschrecken waren, sie haben keine nachhaltige Wirkung auf mein Gemüt ausgeübt. Sollte ich schon den Fatalismus der Männer angenommen haben? Ist es der Einfluß der arktischen Natur, der die Menschen ändert? Weiß man hier deutlicher als sonstwo, daß alles seinen vorgeschriebenen Weg geht, auch ohne das Dazutun des Menschen?

Am nächsten Morgen werde ich plötzlich aus dem Schlaf geweckt Ich höre das Rauschen rascher, langgezogener Skischritte draußen im Schnee. Kommen die Jäger schon nach Hause? Ich horche weiter, aber es bleibt alles still. Nichts rührt sich mehr. Auch ist, als ich später aus der Hütte komme, keine Spur im Schnee zu entdecken.

Was mochte es gewesen sein? Eine Halluzination? Ich hatte auf meine kleine Uhr gesehen. Es war neun Uhr gewesen. Wenn die Männer wirklich ihr Programm trotz Sturm und Wetter durchgeführt haben, dann könnten sie um neun Uhr morgens von ihrer letzten Station, der „Villa Rave", den Heimweg angetreten haben.

Es will mir so gewiß erscheinen, daß die Männer jetzt kommen. Sicher haben sie von mir gesprochen, und ihre Gedanken mußte ich als einzige Empfangsstation hier oben aufgefangen haben. In acht Stunden, so glaube ich bestimmt, werden sie hier sein.

Ich heize den großen Hüttenraum, schmelze Schnee und putze alles auf Hochglanz für den Empfang.

Draußen ist es noch nachtdunkel. Der Mond scheint klar, aber im Süden steigen Wolken auf, und eine fein gezogene Dünung rollt an den Strand. Es ist alles frisch verweht, und knietief sinke ich ein, als ich Schnee hole.

Ich backe ein großes Brot, und als besonders gutes Essen bereite ich Kartoffeln mit Rüben und Speck vor. Den Genuß von frischem Gemüse mußten die beiden jetzt lange entbehren.

Gegen Mittag, als es etwas hell wird, gehe ich auf die Höhe, auf den Punkt, wo die Ebene am übersichtlichsten ist, und fahre von dort eine schöne Spur aus hinunter zur Hütte, als Willkommensgruß.

Aber im Laufe des Tages fällt das Barometer rapid. Der Himmel bedeckt sich, und langsam verschwinden die herrlichen Farben. Wind kommt über das nördliche Meer.

Aber ich heize weiter. Hinter den Ofen stelle ich die Pantoffel, ich bereite trockene Kleider vor. Massen von Schnee sind geschmolzen als Waschwasser.

Ich versuche frische Semmeln zu backen. Aus Sauerteig natürlich. Ich konstruiere ein Backrohr auf der Platte aus einem runden Büchsenblechdeckel auf Schamotteziegeln mit einer Pfanne als Haube.

So wird es langsam fünf Uhr nachmittags. Ich sitze mit dem Strickstrumpf beim Ofen, in Erwartung der beiden Männer, die nach meiner Berechnung jeden Moment kommen müssen. Das Kaffeewasser brodelt.

Die Hütte ist jetzt wirklich gemütlich. Die beiden kleinen Petroleumlampen geben ein hübsches Licht. Die neuen kleinen blau karierten Vorhänge sind vor dem Fenster zugezogen. Auf dem gedeckten Tisch stehen die polierten Kaffeetassen, eine Schale mit Russenbutter und eine Schale mit einer sündhaften Ration Honig. Dazwischen die wohlgelungenen frischen, knusprigen Semmeln.

Aber draußen stürmt es. Ich ziehe die kleinen Vorhänge zurück, damit das Lampenlicht auf den Schnee vor den Fenstern fällt und die beiden draußen eine Orientierung haben beim Herannahen. In weißen Fetzen jagt der Schnee durch die Finsternis. Fast kann ich es nicht mehr wünschen, daß die beiden unterwegs sind.

So wird es sechs Uhr, sieben Uhr ... um acht gebe ich die letzte Hoffnung auf.

Schweren Herzens beschließe ich, allein zu essen, ich habe heute noch gar nichts zu mir genommen.

Ich lege tüchtig Holz aufs Feuer, um das Essen aufzuwärmen. Da! Ein gewaltiger Windstoß, ein Qualm aus dem Ofen, und die Hütte ist schwarz voll Rauch und Ruß. Ich reiße alle Türen auf und muß mich an die offene Haustür stellen, um überhaupt atmen zu können.

Draußen ist es stockfinstere Nacht. In singendem Auf und Ab hört man den Sturm von weit her über die Schneefelder rasen. Er wirbelt den lockeren Schnee von der hartgewehten Fläche, und über die Hütte brausend peitscht er die hartgefrorenen Körner an Dach und Hüttenwände. Laut rauscht das Meer um die kleine Halbinsel.

Plötzlich höre ich einen seltsamen lauten Klang in der Luft. Es ist wie ein einzelner Glockenschlag, tief, voll und schwingend.

Wie gebannt bleibe ich stehen und horche angestrengt, ob sich das Rätselhafte wiederhole. Es bleibt aber still, nur Wind und Wasser rauschen.

Es konnte keine Täuschung gewesen sein. Nur zu deutlich hatte ich es vernommen. Der Klang konnte von nichts herrühren, was um die Hütte lag. Er kam aus der Luft. Dieser einmalige, fremdartige Klang, so metallisch rein und klar er auch war, hier in dem toten Land hatte er etwas Erschreckendes.

Es spukt halt doch in Spitzbergen, wie so viele Leute behaupten. Vielleicht hört man hier Dinge, die man in anderen Breiten, in einem anderen Bewußtseinsstadium nicht zu hören vermag! Ich stehe in der Finsternis mit einer Art eisiger Ruhe, aber mein Hirn arbeitet fieberhaft. Was mag es gewesen sein, gibt es keine Lösung? Noch halte ich das Grauen von mir fern.

Ich kann nicht in die Hütte zurück. Immer neuer, aus dem Innern herausquellender Rauch verwehrt mir den Eintritt.

Da höre ich erst leise, dann immer lauter werdend — genau wie heute morgen — das Rauschen rascher, langgezogener Skischritte im Schnee. „Chrissie ahoi!" rufts durch die Finsternis.

Ich erwache wie aus einem schweren Traum. Die Männer kommen nach Haus! Ihr Ruf war es wohl gewesen, der so metallisch geklungen hatte. Der Schall war, durch den Sturm zur Unkenntlichkeit verwandelt, an mein Ohr getragen worden.

Die beiden dunklen Gestalten der Männer machen halt, hoch oben auf der neuen Schneewächte vor unserer Hütte. Sie lachen: „Ja, wie sieht's denn bei dir aus? Da muß es ja tüchtig geweht haben!" Sie springen herunter, sie kommen in die Hütte, bereift, bärtig, schwer und steif und erfroren. Sie drehen mich zum Licht und schauen mir prüfend ins Gesicht: „Wir haben eigentlich ein bissel Angst gehabt um dich. Das war doch der erste Schneesturm, den du erlebt hast, und noch dazu so allein."

„Und ihr wart bei dem Schneesturm unterwegs, das kann ich gar nicht verstehen."

„Natürlich waren wir unterwegs. Wir haben dir doch versprochen, in dreizehn Tagen zurück zu sein."

„Und heute früh seid ihr um neun Uhr losgezogen von der ‚Villa Rave', ich habe euch gehört."

„Stimmt genau!" sagen sie lachend. Allzu groß ist ihr Staunen nicht über meine Hellhörigkeit; sie haben Ähnliches oft genug selbst erlebt.

Bald ist die Hütte nicht mehr wiederzuerkennen. Sie ist im Nu belegt mit nassen Kleidern, Schuhen und Socken und einer Unmenge von gefrorenen weißen Füchsen. Die Gentlemen wollen sich vor allen Dingen rasieren und waschen. Sie sind acht Tage nicht aus den Kleidern gewesen.

Muschinka, bring dies, Muschinka, bring jenes! Ich springe hin und her zwischen Vorratsschrank und Waschschüssel, zwischen kochendem Wasser und Schnee, zwischen Ofen und Tisch. Ich komme mir vor wie ein Kanarienvogel, der nach einem langen Ausflug ins Freie seinen Käfig wiedererkennt und nun freudig von einem Hölzel zum andern hupft.

Ich bin wieder in meiner Welt. Obwohl nur Köchin in einem rußigen Stall, Hausfrau von zwei wolfshungrigen, zerlumpten Männern, immerhin wieder ein Mensch unter Menschen.

„Mädel, du dummes! Köchin, du kopflose . . .!" Ach, wie hört sich das alles schön an! Nun weiß ich doch wieder, wer ich bin. Nun habe ich doch meine Grenzen wieder. Nicht mehr verloren im Namenlosen, nicht mehr ein Wölkchen, zerwehend im All.

Stundenlang dauert das Festdiner. Karl verschlingt die Honigsemmeln. „In jeder Unterkunftshütte sollte eine Frau sein, die die Jäger erwartet!"

„In jeder natürlich eine andere", neckt ihn mein Mann.

„Well, well, dann wäre Svalbard*) schön."

Dann liegen die beiden Paschas auf ihren Kojen und erzählen, während ich Geschirr wasche: „Am Hineinweg in die Wijdebai hatten wir den Wind im Rücken. Wie die Fliegen sind wir geflogen vor dem Sturm. Wir gingen lange nicht in die Kojen, denn die Flut kam in der Nacht bis zur Hütte hin. Schließlich haben wir doch fest

---

*) „Svalbard": der altnorwegische Name für Spitzbergen. *Sval-bard* = Kalte Küste.

geschlafen und erwachten erst den nächsten Mittag um drei. Da war es schon zu dunkel zum Weitergehen. Wir brachen am nächsten Tag zeitig auf, mußten aber in der Finsternis durch ein Stück eiskaltes Meerwasser gehen, denn die Hütte stand ja im Wasser."

„Und wo wart ihr denn an dem herrlichen stillen Tag?" werfe ich dazwischen.

„In Corspynthen. Da haben wir eine Storkobbe geschossen."

„An dem gottvollen feierlichen Tag?"

„Ja, mindestens eine halbe Tonne hat sie gewogen", sagt Karl begeistert.

Wie verschieden sind die Erlebnisse in der Arktis. Man kann morden und fressen, man kann rechnen und messen, man kann verrückt werden in Einsamkeit und Grauen, man kann aber sicher auch verrückt werden vor Begeisterung über allzuviel Schönheit. Sicherlich wird man aber niemals in der Arktis etwas anderes erleben als das, was man selbst in sie hineingetragen hat.

Der Orkan ist mit seiner ganzen Gewalt wieder losgebrochen. Aber trotzdem schlafen wir alle drei herrlich. Der Sturm hat nichts Fürchterliches mehr, seit die Männer zurück sind. Ich schlafe in meinem Kämmerchen fürstlich, wie in einem feudalen Schlafwagen eines leicht federnden, dahinrasenden Expreßzuges.

Es wird Nacht

Es folgen Tage allgemeiner Entspannung. Die neu mitgebrachten Füchse sind abgezogen. Die Bälge sind mit der Haut nach außen auf lange, spitze Bretter gespannt, die ihnen die mondäne Länge geben sollen. Unterhalb der Hüttendecke hängen sie zum Trocknen.

Die Männer ruhen aus von der langen Tour. Sie liegen auf ihren Kojen und lesen beim Schein der Petroleumlampe, die nun schon den ganzen Tag brennt.

So bin ich jetzt oft allein auf meinem täglichen Spaziergang, den ich am liebsten in der Richtung fjordeinwärts wähle, nach Süden, dorthin, wo die Sonne verschwunden ist und wo sie in vier Monaten das erstemal wieder erscheinen wird.

Die Welt liegt in tiefer Dämmerung, aus der sie sich nicht mehr zu erheben vermag. Es ist windstill, und ein durchsichtiger Nebel trägt die Wellen des letzten sterbenden Lichts. Unwirklich und raumlos ist Nähe und Ferne.

Wie helle Schatten ragen die vereisten Berge in den tiefgrauen Himmel. Aller Schwere bar, scheinen sie gleichsam zu schweben.

In melodischer Weichheit schmiegt sich das dunkle Wasser in die runden, weißen Buchten, in die Flußmündungen und gleitet über in die dunkle Stille des weiten Meeres, das in der Ferne in das Grau des Himmels sich aufzulösen scheint.

Diese Landschaft hat nichts Irdisches mehr. Sie scheint in ihrer Entrücktheit ein in sich geschlossenes Leben zu führen. Sie ist wie der Traum einer Welt, der sichtbar wird, bevor er sich zur Wirklichkeit gestaltet.

„Chinesische Landschaften" nennen wir diese Bilder, die so sehr an die hauchfeinen, wundervollen Tuschmalereien chinesischer

Maler-Mönche erinnern, die nur in den Abstufungen vom hellen zum dunklen Grau, in angedeuteten Formen ohne Kontur den geheimnisvollen, ungeheuren Ausdruck bergen.

Und hatte den chinesischen Meistern tiefste Versenkung in die Natur die Inspirationen zu ihren vergeistigten Bilddarstellungen gebracht, so ist es hier die herannahende Nacht, die die Landschaft allen Beiwerkes entkleidet, gleichsam nur die tiefste Wesenheit der Natur selbst zum Ausdruck bringt.

Fast ist man gewärtig, daß diese Bilder in Nichts zerrinnnen vor dem wachen, kritischen Blick des Menschen. Aber sie beharren in ihrem wundersamen Leuchten, Stunden und Tage. Immer wieder ist es dieses Beharren in zeitlosem Licht und unsagbarer Stille, das die Welt hier oben so unwirklich macht.

Es ist schwer zu sagen, wie es anmutet, in diesen mystischen Bildern spazierenzugehen, die ja, räumlich genommen, groß und gewaltig sind, in denen sich der wandernde Mensch ausnimmt wie ein winziges Stück erloschene Kohle.

Ich begleite meinen Mann jetzt auf fast allen seinen Touren. Und ob wir an der Küste gehen, entlang den riesenhaften Grohuker Bergen, oder in die felsigen Täler zu den Gletschern, immer sind es die neu auftauchenden, still leuchtenden Bilder, die uns ergreifen.

Ich frage mich, warum man niemals von diesen Nebelbildern in der Arktis gehört hat. Hat sie niemals ein Überwinterer der Erwähnung wert befunden? Haben sie niemanden zu erschüttern vermocht? Interessiert es niemanden, daß die chinesischen Bilder auf dieser Nebelinsel leben, in tausendfachen Variationen?

Warum schreibt man überhaupt so wenig von den großen Übergangsstadien in der arktischen Natur, die doch, zeitlich genommen, die Hälfte des Polarjahres ausmachen? Und gerade in diese Zeit fällt doch auch die entscheidende Umwandlung des menschlichen Gemütes, in die Zeit, wo die Wirklichkeit der Erscheinungswelt in Nichts zerrinnt, wo dem Menschen langsam alle Anhaltspunkte und Anregungen der großen Außenwelt verlorengehen.

Hier sind sicherlich die Entstehungsmomente zu suchen, die die „Polarmentalität" mit allen ihren scheinbaren Widersprüchen und Rätseln schaffen. Hier ist der Scheideweg der verschiedenartig veranlagten Individualitäten in ihrer Einstellung zur Winternacht.

Abgesehen von den Wissenschaftlern, die mit einer bestimmten Aufgabe in die Arktis gehen, deren Probleme ihre Geisteskräfte beschäftigen, werden wohl alle Menschen, die einsam leben und für die die Winternacht mehr oder weniger eine Wartezeit ist, den gleichen psychischen Anforderungen unterworfen sein.

Mein Mann, der immer allein überwintert hat, behauptet zwar, daß man sich daran gewöhne, die Welt mit den Augen des Jägers zu betrachten. Daß man alle mondhelle, nicht allzu stürmische Zeit dazu benützt, auf Jagd zu gehen, und daß man in der Zwischenzeit genug zu tun hat im Haushalt, mit Kochen, Backen, Flicken und Schreiben.

Die Positiven unter den Überwinterern werden sich immer wieder instinktiv einen Wirkungs- und somit Wirklichkeitskreis schaffen, in den sie sich retten, solange alle Anregung von außen fehlt. Derjenige, der Vergnügen findet am Meditieren, wird sich in sich selbst zurückziehen, in Regionen von erstaunlicher Helle; aber derjenige, der gewöhnt ist, seinem Hang zum Nichtstun nachzugehen, wird die große Gefahr laufen, sich an das Nichts zu verlieren, seinen Sinn allen Wahnbildern der überspannten Nerven auszuliefern.

„*Go ikke allena pa tür, farlig tide!* — Geh nicht allein spazieren", sagt Karl, „es ist eine gefährliche Zeit. Sieben Wochen vor Weihnachten öffnen sich die Gräber in Spitzbergen!"

Dieser Aberglaube paßt für den Monat November, denn von der ganzen Polarnacht ist keine Jahreszeit so dazu geeignet, den wachen Sinn irrezuführen und phantastische Vorstellungen wachzurufen, wie gerade die Zeit des letzten schwindenden Lichts.

Wir schreiben heute den vierzehnten November. Karl hat gestern seinen Plan zur Ausführung gebracht, in der Svendsenbai, wo sie sich zahlreicher aufhalten, noch Seehunde zu schießen. Obzwar alle Seehunde, die sich in den letzten Wochen an unserer Küste gezeigt hatten, von den Jägern erspäht worden und ihrer mich immer wieder in Erstaunen versetzenden Treffsicherheit zum Opfer gefallen waren, brauchen wir noch frisches Fleisch zur Ergänzung des Winterproviantes.

Ich habe die Wäsche der Männer gewaschen, von der sie behaupten, daß sie nie mehr weiß würde. Und nun trage ich die Wäsche zur Süßwasserquelle, um sie zu spülen. Die Skier an den Füßen, in einer Hand den Stock, in der andern den Wäscheeimer, geht's langsam hinein in die Finsternis. Aber bald gewöhnt sich das Auge an die Dunkelheit, und deutlich ist die hellere Küste vom dunklen Wasser zu unterscheiden. Und langsam steigen auch wieder die geheimnisvollen Dämmerbilder aus dem Nebel. Große Stille lastet auf allem, der Schnee an Land dämpft jeden Laut.

Ich kenne meinen täglichen Spaziergang genau, jeden Stein und jede Erhebung, und trotzdem verfalle ich andauernd Täuschungen. Da erhebt sich plötzlich eine steile, helle Wand vor mir in scheinbar nächster Nähe, dabei ist es eine flache Ansteigung in einiger Entfernung. Dort ragt ein schwarzer Hügel aus dem Schnee, den ich nie bemerkt habe — es ist aber schließlich ein kleiner Stein —, dort geht ein steiler Hang hinab, den später meine Skier als Ebene durchschreiten. Alles ist verzerrt und verschoben in dem schwimmenden Licht, das dem Auge keine Anhaltspunkte zur Abschätzung gewährt.

Endlich, nach dreiviertelstündiger Wanderung voll unsicheren Tastens und Überraschungen, die dann überraschenderweise doch keine waren, bin ich endlich bei der Quelle angelangt. Keinen Schritt könnte ich weiter gehen als bis dahin, wo sich meine Willenskraft ihr Ziel gesteckt hatte — alles Weitere dahinter ist raumlose, alles verschlingende Finsternis.

Die Quelle strömt immer noch kraftvoll unter dem Schnee hervor, sammelt sich in ausgehöhlten Steinmulden und springt dann in kleinen Kaskaden zum Meer hinab. Das Wasser ist eisig, und die letzten Wäschestücke vermögen meine steifen Hände nicht mehr auszuwringen.

Auf dem Nachhausewege kommt etwas Wind auf. Die unruhig werdende See rauscht an den vereisten Uferfelsen. Über Land streicht von Norden her ein Wind, fegt Schneestaub auf in Säulen und legt sich dann wieder zur alles einhüllenden Stille.

In der Ferne tauchen die dunklen Umrisse der kleinen Hütte auf. Hier, immer an der gleichen Stelle, überfällt mich seit einiger Zeit eine merkwürdige Vorstellung. Ich bilde mir ein, es müßte aus dem bewegten Wasser der letzten Bucht vor der Hütte ein Etwas auftauchen, eine dunkle Gestalt, die in vorgebeugter Haltung lautlos und unabwendbar auf mich zukommt.

Immer wieder versuche ich dieses Hirngespinst, so scharf umrissen es in meiner Phantasie auch schon existieren mag, von mir zu weisen. Wie groß aber ist mein Erstaunen, als ich während der Winternacht in einer alten Bücherkiste des Jägers Nois eine alte Nummer von „Allers Familienjournal" finde mit einer Abhandlung über Gespenster, die eine genaue Abbildung meines eigenen Hirngespinstes wiedergibt? Neben dem Klabautermann und der sagenhaften Seeschlange ist auch die schwarze Gestalt wiedergegeben, wie sie aus dem Wasser steigt und in vorgebeugter Haltung langsam und unabwendbar auf ihr Opfer zukommt.

„Es ist ein Strandgespenst, das Fischern erscheint", steht in der Zeitschrift. Mehr wollte ich damals nicht lesen. Ich wollte meine Phantasie nicht noch mehr belasten durch die nähere Beschreibung des grauslichen Kerls. Wenn das Licht wieder da sein würde und alle Nacht vorbei, dann wollte ich das Kapitel zu Ende lesen. Es genügte mir, zu wissen, daß diese Vorstellung anscheinend überall dort entsteht, wo Menschen an einsamen Küsten leben.

Leider ist das Blatt verlorengegangen. Es ist wahrscheinlich einmal versehentlich verheizt worden, und so weiß ich jetzt nicht einmal den Namen der Erscheinung, den ihr der Volksmund vielleicht schon vor Jahrhunderten gegeben haben mag.

Mit beschleunigten Schritten umfahre ich die letzte Bucht bei der Hütte. Ich freue mich beim Eintritt in den kleinen Hüttenraum über die Wärme und das freundliche Licht des in aller Einsamkeit so geduldig brennenden Lämpchens. Verlockend duftet es nach Kaffee, denn ich habe ihn auf den Ofen gestellt und will ihn nach beendetem Waschtag trinken.

Aber noch ein zweiter Eimer Wäsche ist zu spülen. Nun kommt wirklich Wind auf, und das Meer wird unruhig. Eine nächtliche Finsternis breitet sich aus, obwohl es erst zwei Uhr nachmittags ist. Von meinen beiden Kameraden ist nichts zu hören noch zu sehen, Weite und Dunkelheit scheinen sie verschluckt zu haben.

Ich glaube, daß wir uns alle drei bei unseren einsamen Touren heute nicht sehr wohl fühlen. Weder mein Mann, in den dunklen Tälern der Gletscher, noch Karl, der in der Svendsenbai am Ufer des dunklen Meeres auf vorbeischwimmende Snadden*) lauert.

Diesmal bemerke ich, daß quer über meinen Weg eine kleine Tierspur läuft. Seit Wochen haben wir keine Tierspur gesehen auf Grohuk, da steht es schon dafür, ein Zündholz anzureißen.

Es sind ganz frische Trabser eines Schneehuhnes. Deutlich erkenne ich in der Spur die drei gespreizten Zehen des einzigen auf der Insel überwinternden Vogels — außer der Schneeule —, der keine Schwimmhäute besitzt. Anscheinend ist der Vogel, als einzelner fliegend — in der Regel fliegen sie in Scharen —, am Rand der Küste niedergegangen, auf der Suche nach Nahrung. Ich verfolge seine Spur mit dem Zündholz bis dorthin, wo einige Scharrer im Schnee verraten, daß er vergeblich nach Vegetation gesucht hat und dann wieder aufgeflogen ist. Armer Vogel, hier bist du an der unrichtigen Stelle. Auf dem steinigen, toten Grohuk wirst du nichts zu leben finden.

Weiter südlich im Fjord blitzt nun auch ein Licht auf. Es kann nahe oder weit weg gewesen sein. Es war hell, wie der Feuerschein aus einem Gewehrlauf, aber da der Schuß ausblieb, nehme ich an, daß es der aus der Svendsenbai zurückkehrende Karl ist, der sich möglicherweise seine Pfeife angezündet hat.

---

*) Snadden = kleine Seehunde.

Es vergeht eine halbe Stunde, ohne daß sich etwas rührt. Ich spüle die Wäsche mit nur zwei Fingerspitzen, ohne zu wringen. Endlich geht in einiger Entfernung lautlos die Gestalt Karls vorbei.

Wir gehen zusammen nach Hause. „Wie war's in der Svendsenbai?“ frage ich.

„Dort spukt's“, antwortet Karl, „dort kann man nicht übernachten.“

Wir lachen beide dazu. Wir wissen beide, daß Spuk eine Einbildung ist, wir wissen aber auch beide, daß aus Einbildung Wirklichkeit werden kann in einem Menschensinn, dem in Einsamkeit und Finsternis der Maßstab für die Wirklichkeit verlorengegangen ist.

Als wir die Hütte betreten, ist mein Mann schon zurückgekehrt. Er hat das Mittagsmahl bereitet, das heißt er hat das Übrige von gestern, Seehund mit Erbsen, aufgetaut und aufgewärmt. Nach der Mahlzeit zieht Karl mit wichtiger Miene ein Stück zerknittertes Zeitungspapier aus der Tasche. — Kárl hat in der Svendsenbai-Hütte aus Langerweile in dem Zeitungspapier gelesen, in das in Tromsö die Lampenzylinder eingepackt worden waren. Diese Zylinder, die die „Lyngen“ mit heraufgebracht hatte, hatte Karl auf die Tour mitgenommen. Die Zeitung ist zwar alten Datums, aber für uns noch neu.

„*Nü skall di höre nyheter fra Svendsenbai!*“ (Nun sollt ihr die neuesten Nachrichten aus der Svendsenbai hören.) Er liest einen längeren Artikel über Spitzbergen. Eine geschickte Feder beschreibt donnernde Gletscher und blasende Wale, wir hören von einer ganz unheimlichen Gegend, der Bockbai, die sich in nächster Nachbarschaft von Grohuk befindet. Diese Bucht ist seit alters der Sitz der „Trolle“*).

Wir hören von den diesjährigen Überwinterern, von Captain Ritter, dessen Frau aus Zentraleuropa kam, um die „Fortryllelse“**)

---

*) Trolle: elbische Wesen, Erdgeister aus der norwegischen Sagenwelt, die dem Menschen bald wohlwollen, bald Übles bringen.

**) *Fortryllelse* = das Behexende, Bezaubernde, Verwirrende.

der Polarnacht kennenzulernen. „Die Dame wird somit die Europäerin sein, die am nördlichsten auf der Welt überwintert hat."

Das sind allerdings große Neuigkeiten für uns, und langsam macht das Blatt die Runde. Wir haben lange keine Zeitung in der Hand gehabt. Auch der Anzeigenteil auf der Rückseite fesselt uns aufs äußerste:

Einkochzucker und Vanillestangen bietet Per Bell, Garberggd

Dauerwellen bei Johannesen, Tromsö

Leichenkisten, schöne, solide, billigst. Besorge auch Leichentücher und Kränze. Hans Dahl, Storgt. 106

Ist Ihr Licht in Unordnung? Telefonieren Sie 649 Sörrensen, Installasjonsforretning Storgt. 110

Eigentlich rührend, finden wir, wie sich da unten in der Menschenwelt einer dem anderen unentbehrlich zu machen weiß. Wie einer vom anderen abhängt, um seinen Lebensunterhalt zu verdienen. Nein, wir dürfen nicht herabschauen auf die Zivilisation, philosophieren wir an diesem Abend weiter. Wir dürfen sie nicht als emporgeschraubtes Pflanzstadium verurteilen, wie wir das in unserer spartanisch genügsamen Weltabgesondertheit gern tun möchten. Nein, schon aus Nächstenliebe müssen wir uns verzierte Särge, ondulierte Köpfe, Waschtische mit fließendem Wasser und Rohrbrüche gefallen lassen.

Durch die zunehmende Finsternis sind wir jetzt an die Hütte gefesselt. Jeder von uns hat sich einen kleinen Wirkungskreis geschaffen. Mein Mann schreibt, studiert und liest. Karl hat immer etwas zu flicken, zu löten und zu zimmern. Er repariert Uhren und Gewehre und unsere Schuhe. Er schnitzt Messergriffe aus Walroßzähnen, er näht „Seltöffler", zierliche Schuhchen aus Seehundfell. Karl versteht etwas von jedem Handwerk; zudem hat er die Fähigkeit, die fast allen Norwegern eigen ist, sich in jeder Situation mit den geringsten

Mitteln zu behelfen. Karl ist *Altmülig-man* (Allesmögliche-Mann), wie es die Norweger kurz nennen.

Ich selbst werde wohl die ganze Winternacht zu tun haben, um den turmhohen Haufen ausbesserungsbedürftiger Sachen, der im Laufe der Jahre angewachsen ist, zu bewältigen. Alles mit der Hand zu nähen, vor allem die langen Nähte der Fellschlafsäcke und Westen, ist mühsam. Zerlöcherte Handschuhe und Socken harren der Reparatur. Leider habe ich vergessen, wie man Fersen strickt. Die Männer sind bemüht, mir zu helfen. In unserer Verzweiflung trennen wir einen Strumpf nach dem anderen auf, um den geheimnisvollen Weg der Masche zu ergründen. Unglücklicherweise stricken die nordischen Großmütter auch noch anders als die deutschen. Die Verwirrung ist groß. Mit Schweißperlen auf der Stirn und fürchterlich fluchend, mit einer Art wahnhaften Eifers, die dünnen Nadeln in den schweren Händen haltend, versuchen die Männer neue Strumpfstrickrezepte zu erfinden. Mein Mann arbeitet nach einem kompliziert aufgebauten geometrischen Formelsystem, während Karl einfach und genial Röhren strickt, die an einem Ende zusammengezogen werden.

Den Haushalt führen wir drei abwechselnd. Dadurch kommt jeder einmal zu einem vollen Arbeitstag, und der Speisezettel erfährt eine wohltuende Abwechslung, denn jeder von uns dreien kocht reichlich anders. Die Fleischtage fallen den Männern zu, denn alles Fleisch ist ja so steinhart gefroren, daß es vorerst mit Beil und Hacke bearbeitet werden muß.

An meines Mannes Kochtagen spielen die Haferflocken eine große Rolle. „Haferflocken sind kräftige Nahrung“, sagt er, und die Zubereitung ist einfach, denkt er sich dazu. Schon auf dem Frühstückstisch steht nach englischer Art das dicke Porridge, und des Mittags sind in die kräftige Brühe — gleichgültig welcher Fleischart — Haferflocken eingekocht. Auch in das täglich zu backende Brot, das, nach Spitzbergener Jägerart bereitet, leicht ist wie Biskuit, kommen Haferflocken. Immer neue Rezepte erfinden die Jäger, die sie dann gelegentlich untereinander austauschen.

Karl ist ein Meister im Kombinieren. An seinen Kochtagen gibt es Schneehuhn mit Seehund gemischt oder auch Huhn, Hund und Eiderenten als ein Gericht. Er versteht es, auf Schiffskochart die Speisen zu strecken, „ohne daß man etwas merkt", und weiß, wie man Senf bereitet, und kann gefrorenes Seehundfleisch so hauchdünn schneiden, daß es genießbar ist und, auf Butterbrot, mit Pfeffer und Paprika bestreut, äußerst „pikante Sandwiches" ergibt. Den Kaffee kocht Karl „türkisch". Alle Norweger verabscheuen Kaffee mit Zusatz. Schon zum ersten Frühstück wird die volle, und zwar sehr grob gemahlene Tagesration aufgekocht. Der dicke Satz, der nach der Mahlzeit übrigbleibt, wird mit Wasser aufgegossen und brodelt in seiner Blechkanne den ganzen Tag auf der Ofenplatte weiter. Kein Spitzbergener Jäger unternimmt eine neue Arbeit, ohne vorher ein paar Schluck heißen Kaffee zu sich genommen zu haben. Selbst der Bär vor der Hütte muß auf seine Todesminute warten, wenn der Jäger Gelegenheit hat, vorher eine Tasse Kaffee zu trinken.

An meinen Kochtagen erwartet man Mehlspeisen. Es ist nicht leicht, die bestellten Knödel, Nockerln und Schmarren zu bereiten, wenn man für die Woche nur ein Ei zugeteilt bekommt. Die Eiderenteneier sind zwar doppelt so groß wie unsere Hühnereier, entzückend hellgrün mit schwarzen Punkten, aber das tranige Eiweiß läßt sich beim besten Willen nicht schlagen.

Nach eingenommenem Mittagsmahl, wenn das Brot auf der Ofenplatte bäckt und die Hüttentemperatur in Kopfhöhe plus vierzig Grad erreicht, während über dem Boden die Temperatur stets unter Null bleibt, ist es am ratsamsten, in Höhen von Durchschnittstemperaturen die horizontale Lage aufzusuchen. Während solcher Ruhestunden auf den Kojen erzählen wir uns Geschichten. Reich sind die Erlebnisse der Jäger. Sie erzählen von ihren Eismeerfahrten in den Gewässern Spitzbergens, Grönlands und im Weißen Meer. Karl hat zwei Schiffsuntergänge im Nordosten Spitzbergens mitgemacht, wobei er und seine Kameraden über das treibende Eis zu gehen gezwungen waren, bis sie das eine Mal von einem Fangschiff, das andere Mal von Jägern auf Verlegenhuk aufgenommen wurden. Er erzählt von einer seiner „Smafangst-Touren"*), wo sein und seiner Kameraden Boot im Eis der Hinlopenstraße festgefroren war. Da sie für eine Überwinterung nicht ausgerüstet waren, zogen sie zu dritt mit nur einem Schlafsack, an den Füßen Galoschen, über das Eis Neufrieslands nach der Wijdebai, von dort in die Diksonbai, von wo sie Oxaas, der gleiche Jäger, der seinerzeit Karl und seinen schiffbrüchigen Kameraden auf Verlegenhuk aufgenommen hatte, nach der Adventbai hinüberruderte.

Im Gegensatz zu diesen unfreiwilligen Wanderungen Karls erzählt mein Mann von seinen mehr oder weniger freiwilligen Touren und Durchquerungen des Landes zu allen Jahreszeiten. Von seinem Überwinterungsquartier Kingsbai ging er über das Holtedahlplateau zur Woodbai, dann einmal über die Sieben Gletscher zur Magdalenabai, ein andermal zum Eisfjord. Er erzählt von seinen mehrmaligen Wegen zur Post im zeitigen Frühjahr, allein oder mit Hundegespann, von der Nordküste durch die Wijdebai über die Gletscher hinüber zur Sassenbai und zur Radiostation der norwegischen Kohlenmine Longyearbyen. Er erzählt von der Durchquerung vom Belsund zum Storfjord, die er als ganz junger Kerl mit einer Expedition des Fürsten von Monako unternahm.

Beide Jäger teilen sich ihre Beobachtungen mit, ihre Erfahrungen und die anderer Jäger, und zeichnen sich in ihre Karten die besten Übergänge über Gletscher, Meer und Fjordeis ein.

In den Abendstunden, die übrigens schon lange nicht mehr mit den Abendstunden unseres Längengrades in den Sonnenländern übereinstimmen, legen wir Patiencen. Die Lieblingspatience der Spitzbergener Jäger trägt den Namen „Die arge Frau". Die Patience macht Kopfzerbrechen wegen ihrer Kompliziertheit und führt fast

---

*) *Smafangst* = Kleiner Fang im Sommer, Seehundsjagd und Daunensammeln, allein im offenen Boot oder von mehreren zusammen in kleinen Kuttern unternommen.

nie zu einem guten Ende. Trotzdem wird meistens an diese Patience die ewig wiederkehrende schwerwiegende Schicksalsfrage gerichtet: „*Hvormange björn, hvormange rev?*“ — Wieviel Füchse, wieviel Bären wird die Jagd bringen? — „*Komer Baksen, ellers ikke?*“ — Kommt das Packeis, kommt es nicht?

Unterdessen wird die Welt draußen zur tiefsten Nacht. Die Berge nur mehr weiße Schatten, das Meer nur mehr ein schwarzer Schatten — bis auch das in sich zusammenfällt. Und dann ist alles tot.

Wir können uns nicht mehr von der Hütte entfernen in dieser Stockfinsternis. Ich gehe in kleinsten Bogen um die Hütte. Das ist der letzte Rest meiner „Spasiertür“. Wenn es nicht weht draußen, dann sind wir stundenweise vor der Hütte und hacken und sägen Holz im Lichtbereich der Sturmlampe. Manchmal rieselt Sprühregen auf uns herab aus der hohen Finsternis, manchmal Sprühschnee.

Der Sturm, der ab und zu tagelang anhaltende Sturm, ist eigentlich das letzte, das uns von der Wirklichkeit der Welt geblieben ist und nachts, wenn es still geworden ist in der Hütte, unser Bewußtsein beherrscht.

Wir kennen nun den Sturm an seiner Sprache. Wir kennen seine Anzeichen. Wir wissen, aus welcher Richtung er zu uns kommen wird und kommt — auch wenn wir keine Wetterfahne sehen.

Der Sturm aus Westen beginnt mit den dröhnenden Schlägen der Brandung draußen an den Uferfelsen. Dieser Sturm mit dem Rauschen des Meeres klingt brüllend, schäumend, voll und wuchtig.

Der Sturm aus Norden steigt an bis zu einem pausenlosen Donnern.

Der Sturm aus Osten kommt hurtig und springend daher. Obwohl um die Hütte alles längst begraben ist unter tiefstem Schnee, findet dieser Sturm doch immer wieder etwas, woran er mit Vehemenz poltern und rütteln kann.

Der Sturm aus Süden aber ist wehmütig und weich. Von weither beginnt das Brausen. Ganz unten am Südende des Fjordes fällt er von den Bergen herab, und merkwürdig weich und mild geht er über die Hütte hinweg. Niemals wird uns unsere Einsamkeit derart bewußt, als wenn der Südwind singend durch die weiten Täler geht.

Fortryllende) Polarnacht*

Mitte Dezember lichten sich die Nebel.

Wer einmal mit dem Fernrohr auf den Mond geschaut hat, der kennt die Ergriffenheit, die den Menschen packt angesichts der leuchtenden Eisstarrheit und Stille dieses einsamen Himmelskörpers. Ähnlich ergriffen waren auch wir, nachdem wir nach wochenlangem Herumtappen in raumloser Finsternis uns in eine Welt versetzt sahen, die, bekannt und doch so völlig neu, sich strahlend um uns erhob.

Wir sind wie auf einem anderen Planeten, irgendwo anders im Weltenraum, wo in namenloser Stille leuchtende Gebirge ruhen und über allem das Licht eine stumme, bewegte Sprache spricht.

Ist das wirklich unser Grohuk? Regungslos liegt das helle, vereiste Land in der klaren Luft. Jede Runse und Falte der Berge, jede Hebung und Senkung des Landes ist strahlend sichtbar. Land und Fels, in ungeheurer Lebendigkeit der Struktur zu einer Form geeint, steigt gleißend weiß aus dem schwarzen Meer in den dunklen Nachthimmel.

Wir gehen in das helle Land. In den Tälern donnert ein tosender Wind, über die Ebene rast Treibschnee wie ein gleißender Strom, aber still und unberührt ragen die Berge in den glitzernden Sternenhimmel.

Da lösen sich helle Schleier aus dem Himmel. Sie wehen wie vom zartesten Lufthauch bewegt in immer leuchtenderen Riesenwellen über den ganzen Himmel hinweg. Wir sehen den leuchtenden Rhythmus der Sphäre, bis die Schleier verschwinden, und dann sind wir kleine Menschen, die sich stumm und schwer vorwärts kämpfen durch den Sturm auf der Erde.

---

*) *Fortryllen* = verzaubern, behexen, verwirren.

Wir steigen die steilen Schneehänge hinauf. Die Fuchsfallen stehen alle gähnend offen. Der wehende Schnee rast durch sie hindurch. Vom Bergkamm sehen wir die vielen ragenden, strahlenden, vereisten Berge Spitzbergens. Alles, nur keine Einsamkeit empfinden wir bei dem Blick ins Weite. Wir sind wie eingeschlossen in das Wunderbare.

In sausender Fahrt geht's die Hänge hinunter und weitersausend, mit dem Wind im Rücken, über die Ebene zurück zu unserer Hütte am Meer.

Herrlich, berauschend ist die mühelose Fahrt durch das gleißende Mondscheinland. Aber merkwürdig: wieder angelangt in der Hütte unterm Schnee, sind wir auch wieder zufrieden. Der kleine Raum legt sich wie ein wohltuender Schatten auf das Gemüt, das ganz aufgeregt ist von soviel berauschender Helle.

Aber die Männer packt die Wanderlust. Als ich am nächsten Tag auf meiner „Spasiertür" in großen Bogen um unsern Schornstein fahre, höre ich sie in der Hütte unterm Schnee rumoren. Sie räumen und reden und mahlen zu ungewohnter Stunde Kaffee auf Vorrat. Da weiß ich, was es geschlagen hat.

„Nur wenige Tage werden wir fort sein", sagen die Männer, als sie aufbrechen, der eine, um fjordeinwärts, der andere, um gen Osten zu ziehen. „Wir müssen die Fallen kontrollieren. Im Winter kommt es vor, daß die noch lebenden Füchse die toten aus den Fallen fressen."

Um über das Alleinsein wegzukommen, stürze ich mich wie immer in grobe Arbeit. Ich putze und wasche und muß unendliche Male zum Schneeloch hinauskriechen, um die Schneeimer zu füllen, und entsprechend oft zurück, um sie auszuleeren. Aber ich freue mich immer wieder, hinauszukommen aus der dunklen Hütte auf die stumme, gewaltige Eisbühne, auf der das grandiose Schauspiel der Polarnacht spielt.

Ein Nordlicht von unglaublicher Intensität steht am Himmel. Helle Strahlenbündel schießen herab. Sie wirken wie leuchtende Stangen aus Glas. In ungeheurer Höhe entspringen sie. Sie scheinen senkrecht auf mich herabzufallen, werden immer heller und greller, erstrahlen in Rosa, Lila und Grün, tanzen und drehen sich um ihre eigene Achse in wildem Tanz, quer über den ganzen Himmel hinweg; wehen wie wallende Schleier, werden blaß und vergehen.

Bàld steht mein Wäscherinnengeist allein in der Hütte und wäscht. Alle meine anderen Sinne sind draußen im wirbelnden Hexenlicht, im unfaßbaren Zauber der arktischen Nacht. Die aufgehängten Wäschestücke erstarren sofort zu Brettern und meine Hände zu Eis. Aber die Wäsche soll gut bleichen im Mondlicht, sagen die Jäger. Folgsam gehe ich jeden Tag meine „Spasiertür". Ich schnalle meine Skier an und gehe um die Hütte, zehnmal links, zehnmal rechts rum. Weiter ins Land wage ich mich nicht.

Die Schneedecke Grohuks ist unberührt. Keine Tierspur weit und breit. Die Füchse schleichen jetzt in den Bergen auf der Suche nach Schneehühnern, und die Schneehühner leben unter dem Schnee. Die Renntierherden, die wenigen, die noch auf der Insel existieren, grasen im Inneren der Fjorde, in entlegenen, stillen Tälern, die nie eines Menschen Fuß betritt. Die Nacht ist herrlich, die schwarzen Berge sind jetzt wie aus weißem Marmor gemeißelt, ebenso alle die phantastischen Gebirge auf der weitgeschwungenen Küste um unseren Fjord. Im Süden der gewaltige Felsthron der Bockbai, im Südwesten das flache Dreieck Kap Roos, und weiter nach Westen die wild gezackten Felsgipfel der Liefdebai. Tief schwarzblau ist das Meer. Die kleinen, schwarzen Wellen mit silbernen Rändern schlagen leise den Strand. Man hört die kleinen Strandsteine rieseln, die die Wellen bei ihrem Auf und Ab mit sich ziehen. Ein Nordlicht weht lautlos über den Himmel.

Man könnte keine schönere Deutung finden für das geheimnisvolle Wallen des Lichtes als die, die ihm die Eskimos gegeben haben. Sie glauben, in dem Weben des Lichtes die Geister ihrer Abgeschiedenen zu sehen. Dieses verklärte Licht hat etwas Erdwärtsstrebendes, etwas, was uns einhüllen möchte, etwas Tröstendes und Verheißendes und doch so namenlos Stummes in seiner Weltferne.

Wenn die zu Hause wüßten, wie herrlich es hier ist! Schade, daß man sich in Europa nur die Furchtbarkeit der Polarnacht vorstellen kann. Man kann wohl die Wunder der Polarwelt im Lexikon nachschlagen, aber man ahnt nicht, daß unter solchem strahlenden Himmel auch die Menschenseele ruhig, klar und strahlend ist.

Von einem Tagesschimmer ist jetzt nichts mehr zu sehen, auch nicht am Mittag. Rings um den Horizont sternentiefe Nacht. Der Mond auf seiner kreisrunden Bahn ist Tag und Nacht unentwegt am Himmel, der Polarstern fast im Zenit, um den sich innerhalb vierundzwanzig Stunden der ganze Sternenhimmel schwingt.

Heute ist wieder der tosende Wind, der über die Ebene rast, aber Grohuks Berge liegen mondhaft in ihrer Klarheit, mondhaft wie ohne Atmosphäre, mondhaft in ihrer Lebewesenlosigkeit.

Der Wind verweht langsam die Skispuren der Männer, die, eine nach Osten, eine nach Süden, all die Tage weithin sichtbar im Mondschein lagen. Draußen in der Ebene wirbelt der Wind steile, unheimlich hohe Schneesäulen empor. Der Mond bescheint sie grell. Sie sehen aus wie weiße Gestalten, die sich aufrecht und feierlich zur Küste bewegen. An den steilen Ufern machen sie einen Augenblick halt, scheinen langsam in die Knie zu gehen, scheinen leicht vorgebeugt die hohen Uferfelsen hinabzusteigen und dann waagerecht, wie weiße Schatten, über das schwarze Meer zu jagen.

Über alle Maßen sinnverwirrend ist das wilde Tosen des Sturmes zu dem reglos strahlenden Antlitz der vereisten Erde, zu den melodisch hauchzarten Schwingungen des Nordlichts am Himmel.

Ich suche nach Vergleichen, um das verwirrend Ungewohnte dieses Erlebnisses zu schildern. Ich meine, die Kontraste der Wahrnehmung wirken auf unser Empfinden ähnlich, als wenn zum Beispiel bei uns zu Lande im Theater zu einem Bühnenbild von klassischer Ruhe eine tosende Symphonie von Berlioz gespielt würde, oder wir sähen einen verklärt lächelnden Menschen morden, alles morden, was in den Bereich seines Lächelns tritt. Die Polarnacht zeigt die Welt in einem

Zusammenklang von Rhythmen, der für uns Mitteleuropäer verwirrend ist.

Auch für einen malerisch empfindenden Menschen wird alles bisher gewohnte Landschaftserleben über den Haufen geworfen. Schon Landschaft und Nordlicht allein lassen sich bildlich kaum in Zusammenhang bringen. Licht und Landschaft bleiben zweierlei. Empfindet man die Seele der Landschaft, dann ist das Licht fremd und überdimensioniert. Versenkt man sich aber betrachtend in das Licht, dann ist der Himmel das leuchtend lebendige Bild, und die Erde ist tot und ohne Ausdruck.

Heute stehe ich ganz unter dem Eindruck eines visionären Traumes. Irgend etwas hat mir befohlen, ich solle den Ofen reparieren, mit Schamottebrei und Strandsteinen, dann werde er nicht mehr so rauchen.

Ich nehme den Eispickel vom Hüttendach und gehe auf die Suche nach Strandsteinen. Es ist nicht so einfach, jetzt Steine zu finden. Es ist ja alles meterhoch verschneit, verweht und festgefroren. Auch am Strand sind keine blankgespülten Steine. Es ist Flut, und das Meerwasser liegt schwappend zwischen den hohen Eiswänden der Bucht, wie in einer riesigen Porzellanschüssel. Aber vor dem Holzstapel, wo der Wind und der treibende Schnee abgeprallt sind, finden sich in eineinhalb Meter Tiefe blankgewehte Steine. Ich hacke drauflos. Funken springen, aber kein Stein löst sich. Der Boden ist hart gefroren, als wäre er Stahl. Jetzt begreife ich erst, warum man im Winter in Spitzbergen seine Toten nicht begraben kann und die Jäger ihre toten Kameraden, um sie nicht den Bären und Füchsen auszuliefern, den Winter über bei sich in der Hütte behalten.

In der Hütte zerreibe ich drei Ziegel zu Schamottestaub, zerhacke einen Ziegel in Brocken, rühre damit in Ermangelung von Lehm einen Brei an und verschmiere damit das Ofeninnere. Riesige, von Rost zerfressene Löcher und Sprünge hat der Ofen, ein Wunder, daß er überhaupt noch gebrannt hat.

Aber als ich dann später Feuer mache, raucht der Ofen ärger denn je. Während der Arbeit hat er sich merklich nach der Mitte zu gesenkt. Die Ringe passen nicht mehr, er ist nun ganz untauglich geworden.

Steifgefroren vor Kälte und völlig verzweifelt krieche ich in meine Koje.

In der Nacht kommt Karl zurück. Was wird er machen ohne Ofen? Ich höre ihn nebenan heizen, leise fluchen, schließlich einen Höllenkrach und nachfolgendes Gepolter. Ich höre ihn dann mindestens zwanzigmal aus der Hütte hinaus und wieder herein kriechen. Hinter der Hütte schaufelt er Schnee, dann hämmert er im Hüttenraum. Schließlich höre ich ein lustiges Feuer knistern. Dann poltert es an meiner Tür: „Lebs do noch? Komm schnell heraus. Ich habe einer feiner Überraschkelse for dir!"

Als ich in den Hüttenraum komme, ist er zum erstenmal, seit wir auf der Insel sind, rauchfrei. An Stelle des Katastrophenofens steht ein winziges Puppenöfchen, das als kleiner Ersatzofen für eine Unterkunftshütte mitgenommen worden war. Das Öfchen ist so klein, daß es Karl auf eine Kiste montiert hat, damit es nur eine einigermaßen brauchbare Höhe hat, und dieses Öfchen glüht und spuckt nun eine phantastische Wärme.

„Alte Ofen faller sammen", entschuldigt sich Karl. Nun weiß ich, daß mein Traum auf Umwegen in Erfüllung gegangen ist.

Hinter den Grohuker Bergen stiegen heute zwei riesige leuchtende Bogen empor. Wie weiße Feuer standen sie im dunklen Nachthimmel. In der Mitte des kleineren Bogens erschien dann der Mond. Der größere der beiden herrlichen Strahlenringe war noch nicht ganz hinter den Bergen heraufgestiegen, als er sich zu einem großen Kreis schloß. Dadurch wirkte die Himmelserscheinung noch gewaltiger und näher und über alle Maßen wunderbar. Gegen die riesenhaften, flammenden Lichtkreise wirkte die Erdlandschaft tot wie eine erloschene Scheibe.

Der Mondring soll schlechtes Wetter bedeuten, sagte Karl.

In der Nacht nach dem Erscheinen dieses Phänomens bricht der Sturm mit explosiver Gewalt los. Irgend etwas fliegt vom Dach davon, ich glaube, es sind die Ruder, und der schwere Eisanker rollt hin und her.

Ich sehe von meinem kleinen Fenster aus den rasenden Tumult des Schneetreibens, denn die peitschenden Nebel sind voll Mondlicht. In wilden Schlangenlinien rast der Schnee über die vereiste Schneefläche.

Sollte mein Mann jetzt unterwegs sein — ob ein Mensch überhaupt aufrecht gehen kann in solch einem Orkan? Wird er da nicht über den Boden geschleudert wie ein Stück Holz? Soll ich Karl fragen, ob man einem Menschen Hilfe bringen kann, der in so einen Sturm gerät?

Karl schläft fest in seiner Schubladenkoje unter dem polternden Dach. Er scheint nichts zu hören vom Sturm. Ich will ihn nicht wecken. Er würde nur dasselbe sagen, was ich mir schon selbst denke: Jeder, der sich da hinauswagt, ist verloren.

Das Donnern des Sturmes und des Meeres ist wahnsinnig. Und nun wird es stockfinster. Die ganze Nacht wütet die finstere Hölle. Alle Gefahren des Wijdebaiterrains stehen mir vor Augen. Der Sturm, in dem sich vielleicht ein einsamer Mensch abkämpft, ist über alle Maßen furchtbar.

Gegen Morgen legt sich der Sturm genau so rasch, wie er losgebrochen ist. Karl schaufelt die Tür ins Freie aus. Grohuk liegt wieder mondhaft klar, nächtlich still, und darüber die wehenden, weltfernen Lichter.

Unsere Hütte ist jetzt ganz unterm Schnee begraben. Die hartgewehten Furchen des Sturmes von heute nacht gehen hinweg übers Dach, als sei überhaupt keine Hütte mehr da. Ruhelos und voller Sorge gehe ich draußen auf und ab. Der Tag erscheint mir endlos lang.

Endlich am Abend kommt mein Mann nach Hause, bereift und lachend und behängt mit Füchsen.

„Wo warst du, als der Sturm losbrach heute nacht?" fragen Karl und ich zugleich.

„Zwischen der Russebu und Villa Rave. Aber ich hab' mich ganz gut zurechtgefunden." Mehr Worte werden nicht verloren über das Sturmerlebnis, so was behalten die Jäger für sich. Und das ist vielleicht das Großartige im Leben dieser Jäger, dieses nahe Beieinander von Leben und Tod, dieses Beisichbehalten der größten Erlebnisse.

Wir haben Vollmond. Was das bedeutet auf der vereisten Glatze der Erde, davon kann sich kein Mitteleuropäer einen Begriff machen. Uns ist es, als zerflössen wir in Mondlicht und als zehrte es uns auf. Es nützt nichts, wenn wir nach einer Mondscheintour zurückkehren in die Hütte unterm Schnee. Es ist, als verfolgte uns das Licht überallhin. Das ganze Bewußtsein ist grelle Helle, das ganze Bewußtsein verlangt zurück zum Mond.

Wir sind jetzt viel im Mondschein gewesen, denn es kamen einige Packeisstücke in den Fjord. Ein ganzer Eisberg ist an der Küste vor unserer Hütte gestrandet. Leise mit dem Strom zogen die frisch verschneiten, getürmten Schollen im Monsdchein glitzernd an unserer Hütte vorbei. Gebannt standen wir und schauten. Immer wieder liefen wir die Mondscheinberge hinauf, um Ausschau zu halten über das Meer. Es scheint nicht, als wenn sich uns das ganze Packeis näherte, aber nun werden wir die grelle Helle des Landes nicht mehr los.

Besonders mir ergeht es schlimm, und die Jäger behaupten, ich sei mondsüchtig. Ich möchte am liebsten den ganzen Tag an der Küste stehen, dort, wo die wippenden Schollen im Wasser hundertfältig das Licht spalten und zurückwerfen zum Mond. Aber die Jäger sind streng mit mir. Sie lassen mich nun nicht mehr aus den Augen, und sehr oft habe ich Zimmerarrest. Und da liege ich dann in meiner kleinen Kammer, wo durch die verwehten kleinen Scheiben grünlich das Mondlicht hereinsickert. Weder Hüttenwände noch Schneedecke können mir die Vorstellung fernhalten, ich sei selbst Mondlicht und glitte entlang den gleißenden Graten und Zacken der Berge . . . durch die weißen Täler . . .

„Nü wird Chrissie rar"*), sagt Karl ab und zu kopfschüttelnd. „*Ishavet kaller!***) Du muß vernünftig sein!"

Und als wäre alles mit der Ernährung zu heilen, setzt mir Karl an seinen Kochtagen riesige Portionen von Seehundfleisch vor, die nur so triefen von darübergegossenem Lebertran. Alle strengen Regeln der Fleischrationierung durchbricht er dann und redet mir gut zu: „*Spis bare!* — Iß nur! Deiner schlanker Linie passer nicht in Winternacht. Sparen ist jetzt ganzke dumm. Bald kommer *Baks-Is*, mit *plenty* Bärenschinken, und *Evugl* (Eidervögel) kommer zur Küste, wenn Fjord zufriert. Und vergangenes Jahr auf Bangenhuk kam schon im Februar ein Seehund aufs Landeis gekrochen, den wir geschossen haben. Wir werden bald große Haufen Fleisch haben!"

Und um mir eine Freude zu machen, hat Karl im geheimen meinen Nähkorb genommen und in dem wirren Durcheinander von verfitzten Garnen und Wollen auf männliche Weise Ordnung gemacht. Auf kleinen zierlich geschnitzten Brettchen sind nun die Garne aufgewickelt, und alle die vielen Knöpfe, die ich im Sammeleifer des Herbstes von angeschwemmten Kleidern getrennt habe, befinden sich in einer geschnitzten Büchse.

---

*) „Rarheit": Eine Art Seltsamkeit im Wesen, die manche Überwinterer in der Polarnacht befällt.

**) „*Ishavet kaller* = Das Eismeer ruft!" sagen die Spitzbergener Jäger, wenn einer ihrer Kameraden aus rätselhaften Gründen ins Meer gesprungen ist, ein Vorkommnis, von dem auch heutigentages von authentischer Seite berichtet wird.

In dieser hellen Mondscheinzeit ist mir alle Lust an Hausfrauenarbeiten verlorengegangen. So backen die Männer Waffelherzen und allerhand Kuchen. Auch in das tägliche Brot kommen Zucker und Rosinen und kleingeschnittenes Backobst, denn Weihnachten steht vor der Tür.

So backen jetzt alle Jäger in Spitzbergen, auch die, die schon jahrelang einsam leben. Unser Nachbar, der alte Sven Ohlson auf Biskayershuk, soll angeblich so viel backen, daß er noch im Frühjahr mit den gefrorenen Kuchen seine Gäste bewirten kann. Es kommt manchmal vor, daß Eismeerschiffe, vor Sturm schutzsuchend, an seine Küste kommen. Und kommen auch manches Jahr keine Schiffe, dann backt eben Sven für seine imaginären Gäste, legt Renntierzungen ein und konserviert das Beste von den Bären.

Unser Weihnachtsabend ist hübsch. Ich will zwar nicht verschweigen, daß wir bei den letzten Vorbereitungen zum Explodieren nervös sind. Alle drei kochen an dem Weihnachtsdiner, alle drei brauchen Wasser zum Waschen, und die Kochplatte ist nicht größer als dreißig Quadratzentimeter. Jeder hantiert noch mit Überraschungen in dem winzigen Hüttenraum. In den kleinen Vorraum, wo dreißig Grad Kälte herrschen, geht keiner freiwillig. Denn draußen stürmt es in altgewohnter Weise. Wir drei waren uns noch nie so sehr im Weg, denn alltags liegt meistens einer aus Raumersparnis in der Koje. Es kostet uns die äußerste Willensstärke, Ruhe zu bewahren.

Aber als dann am Abend die Kerzen brennen, Karl hat ein kleines Bäumchen geschnitzt, ein Stiel mit drei Querbalken, sehr karg, da senkt sich auf uns eine tiefe Feierlichkeit. Der kleine Gabentisch ist erstaunlich voll. Da liegt ein Salatbesteck, das Karl für mich aus dem angeschwemmten Mahagonitischbein geschnitzt hat. Geradezu gotisch mutet es an, in seinem wuchtigen Ausdruck als schöpfender Löffel und stechende Gabel. Da steht eine ganze Reihe norwegischer Bücher, aus der Kiste eines Jägers herausgesucht, für mich leicht zu lesen, die Einbände nach ihrem Inhalt frisch bemalt, in meines Mannes feinsinniger Manier.

Mein Mann und ich schenken Karl nur einen Witz. Gezeichnete Bilder von seiner nächsten Überwinterung, für die er sich als Kameradin ein Lappenmädchen wünscht. Das „*Lappepike*" trifft einfach alles. Sie fängt Füchse und Bären und kocht Karl den ganzen Tag Kaffee, Karl selbst braucht nur die Drillinge zu hüten, die sie ihm geschenkt hat.

Das Weihnachtsdiner ist feudal. Jeder von uns dreien hat einen Gang bereitet. Es gibt Schneehühner mit Reis und Aprikosenkompott und als Krönung des Ganzen eine Karamelcreme aus Eiderenteneiern, gebranntem Zucker und Kondensmilch. Die Creme schmeckt fürchterlich nach Algen, Schlick und Schlamm. Ich kann keinen Bissen davon essen, während die Männer am liebsten die Teller abschlecken würden. Karl findet, es sei eine verteufelt feine Sache, wie man sie nur im Ritz-Hotel in Tromsö bekäme. Die Männer bereuen es auf einmal sehr, daß sie nicht auf dem Südkap Spitzbergens überwintert haben, denn dort brüten die Vögel manchmal schon Ende Mai, während hier oben im Norden die Vögel kaum vor Ende Juni eisfreie Plätze finden. Nachdem wir das letzte Ei für Weihnachten verschwendet haben, müssen sie also noch sieben Monate warten, bis ich ihnen wieder eine solche Creme rühren kann.

Silvester feiern wir bei Himbeersaft und medizinischem Alkohol. Es war dies übrigens das einzige Mal während unserer ganzen Überwinterung, wo unsere Hausapotheke in Anwendung kam*). Die

*) Karl kuriert seine manchmal auftretenden Zahnschmerzen nach einem alten Jägerrezept, indem er eine Kaffeetasse halb Spiritus, halb Wasser austrinkt.

Stimmung ist für uns Alkoholentwöhnte entsprechend übermütig. Wir befragen das Schicksal nach altnorwegischem und altdeutschem Brauch. Wir gießen Blei aus geschmolzenen Schrotkugeln, und Punkt zwölf Uhr gibt Karl vor der Hütte einen Gewehrschuß ab in die dunkle Winternacht. Jäger Björnes täte das auch immer, obwohl er stets allein überwintert und der einzige Mensch in der ganzen, langen Wijdebai ist.

Nicht enden wollende Finsternis

Nun ist es ganz schlimm, ganz tot um uns herum, denn nun hat auch das Rattern des Sturmes aufgehört. Ein dicker Nebel lastet auf allem. Die Hütte ist verpackt in Stille und Finsternis. Mich dünkt, es käme jetzt erst richtig die Nacht, und langsam will mich aller Mut verlassen. „Vielleicht kommt die Sonne überhaupt nicht mehr wieder. Vielleicht ist es finster auf der ganzen Welt."

Mein Mann beruhigt mich. Immer wieder zeichnet er auf kleine Fetzchen Papier die Kurve der schon seit dem 23. Dezember auf dem Weg der Rückkehr befindlichen Sonne. Er rechnet mir in Graden und Gradminuten vor, daß die Sonne heut schon wieder so nahe sei, wie sie am 9. Dezember weit weg war. Aber ich bin verzweifelt. Alle Erklärungen geben mir nur eine Ahnung, wie weit sich die Sonne von uns entfernt hat. Es ist ja auch noch kein Schimmer von ihrem Näherkommen zu bemerken, und obwohl schon achtundsiebzig Tage der dunklen Zeit vorbei sind, wird es immer noch vierundfünfzig Tage dauern, bis sie das erstemal für wenige Sekunden über den südlichen Horizont gucken wird.

Mit eiserner Konsequenz, als hinge mein Leben davon ab, mache ich jeden Tag meinen Spaziergang. Es ist längst kein Spazierengehen mehr, vielmehr ein Spazierenkriechen auf allen vieren dicht an den Hüttenwänden entlang. Mechanisch immer im Kreis herum, zehnmal, zwanzigmal, die unregelmäßig und stahlhart gewehten Schneewächten, die ich nun schon auswendig kenne, mit geschlossenen Augen hinauf und hinunter. Anfangs machte mich die Finsternis unsicher. Ich hatte manchmal ganz plötzlich die Vorstellung, ein Bär stünde vor mir. Ich habe etwas erfunden gegen meine eigene Angst.

Ich schlage in Zeitabständen mit der Faust an die Hüttenwände, um durch den Lärm alles zu verscheuchen, was eventuell in meiner Nähe sein könnte.

Die Tage vergehen ohne Erleben, ohne richtige Arbeit, ohne erlösenden Blick in die Wirklichkeit der Welt. Nachts liegen wir, nicht müde und nicht wach, umgeben von der ewigen Finsternis und tiefen Stille.

Inmitten der grenzenlosen Totheit und Starre alles Körperlichen beginnt langsam der bewegte Sinn seine eigenen Wege zu gehen. Immer häufiger, immer greller, je länger die Winternacht dauert, erscheint eine eigenartige Helle vor dem inneren Auge. Fernes und doch so Bekanntes taucht auf. Es ist, als fühlte man hier in der Abgeschiedenheit mit besonderer Klarheit die großen Gesetze der Seele, die himmelhohe Kluft zwischen menschlicher Anmaßung und der ewigen Wahrheit. Es zeigt sich, daß alles aufgehoben ist hinter der Zeit. Immer wieder kreist der gefesselte Sinn im Vergangenen, wie in einem Bild ohne Raum, wie in einem Drama ohne Zeit.

Manchmal sehe ich die Blumen und Bäume der fernen Sonnenwelt. Aber ich sehe sie nicht in altgewohnter Weise. Ich sehe sie glühend bunter und ergreifend schön. In Wachstum und Farbe lebt ihr geheimster Sinn. Aber die Menschen, die unter der Sonne leben, erscheinen mir fern und klein. Mit gesenkten Köpfen sehe ich sie im Kreise laufen, im Kreis ihrer Sorgen und Kümmernisse. Nur wenige sehen die Herrlichkeit der Sonne.

Frühmorgens — ist es Erlösung, ist es Störung? — mahlt der Lärm der kleinen Kaffeemühle mittenhinein in die bunt-tiefen Bilder einer anderen Welt. Nur schwer findet das Bewußtsein zurück in die Wirklichkeit und erfaßt nur langsam, daß ein neuer stockfinsterer Tag angebrochen ist in der Hütte unterm Schnee.

Wir sitzen dann schweigsam bei unserem Frühstück und wärmen unsere eiskalten Hände an den heißen Kaffeetöpfen. Der Hauch ist sichtbar im Schein der Lampe, und wir wundern uns jeder im stillen, wie blaß und abgehärmt der andere aussieht.

„Wir sind vielleicht längst nicht mehr normal", sagte kürzlich Karl. „Wir können's ja selber nicht beurteilen, wo wir so aneinander gewöhnt sind. Ein Europäer, ein regelmäßig von der Sonne beschienener, der könnte es uns vielleicht noch sagen. Aber so einer kommt jetzt kaum vorbei."

„Nein, da kommt noch lange keiner", bemerken wir anderen und schauen auf die Fensterscheiben, vor denen wie weiße Mauern der Treibschnee liegt. Nur durch die obersten Ecken der Rahmen, wo die Innenwärme den Schnee abzuschmelzen vermag, schaut die schwarze Nacht herein. Alle Kanten des Raumes funkeln weiß, und alle Nagelköpfe der Wand sind mit Reif beschlagen. Aber sonst ist die Hütte reichlich schwarz, verrußt und verräuchert. Und ich darf nicht scheuern. Der Raum würde nie mehr trocken, sagen die Jäger, und wir säßen dann im blanken Eis.

So kann ich nichts tun, als mit Maleraugen mich an den sonderbaren Kontrasten erfreuen, denn gegen das Schwarz des kleinen Raumes hebt sich grell alles Weiße, das wir von draußen in die Hütte bringen.

Die Füchse sind jetzt phantastisch weiß und auch die Schneehühner fleckenlos, der Schnee zum Schmelzen in geschnittenen Quadern wirkt blendend in dem schwarzen Ofeneck.

Hier oben muß man die Größe haben, nicht pedantisch zu sein. Ich sehe nun auch das Leben mit anderen Augen. Vergessen sind alle Äußerlichkeiten, es dreht sich hier alles ums nackte Sein. Die Hütte ist eine geschützte Höhle, ohne die wir draußen erfrieren würden, die primitive Nahrung muß eben schmecken, denn sie erhält uns unser Leben. Und spielen kann man auch mit schwarzen Karten, selbst wenn Coeur und Karo so schwarz sind wie Pique. Sie helfen uns die schwarze Zeit vertreiben, und das ist ihr Wert.

„Zu Weihnachten ist die dunkle Zeit vorbei“, behaupteten die Jäger Anfang Dezember. Ich glaube den Jägern nun nichts mehr, denn jetzt, im Januar, scheint erst so richtig die Finsternis und Hölle der Winternacht loszubrechen. Ich weiß nicht, wieviel Tage es nun schon sind, daß das Heulen und Pfeifen des Sturmes unentwegt in den gellendsten Höhen anhält und die harten Körner des Hagels pausenlos in rasendem Tempo über das Hüttendach peitschen. Ich weiß nicht, wieviel Tage wir nicht mehr im Freien waren und wieviel Stunden täglich die Männer Schnee schaufeln, um die Hüttentür einigermaßen freizuhalten. Und wagt sich einer einen Schritt in die tobende Nacht, um die Instrumente abzuleuchten, dann kehrt er nach wenigen Sekunden zurück mit verschlagenem Atem, tropfendem Gesicht und bereiften Brauen, Wimpern und Kleidern. Beim Öffnen der Tür dringt der Wirbelschnee in die Hütte, die eisige Luft jagt als Wolke in den Raum, um schnurstracks unter die Kojen zu fahren. Dort sammelt sich natürlich die Feuchtigkeit, und die beiden Kojengestelle sind tropfnaß wie Landungsbrücken. Die Bretterwände um die Kojen herum sind mit zentimeterdicken Eisschichten bedeckt. Ich bemühe mich nun nicht mehr, die Felldecken der Kojen über dem Ofen zu trocknen und das Eis an den Wänden mit der Petroleumlampe wegzutauen, es ist ja doch alles hoffnungslos, und die beiden Männer nehmen alles, wie es kommt.

Heute wäscht Karl ein abgespecktes Seehundfell, das er noch in der Mondscheinzeit aus einer Tonne unterm Schnee geholt hat. Er wäscht es in kochendem Seifen- und Sodawasser. Dann nagelt er das tropfende, tranduftende Fell an die Hüttendecke. Wenn es trocken ist, will er sich Handschuhe daraus nähen — „für den Winter“.

„Ich denke, wir haben längst Winter?!“ werfe ich dazwischen.

„Winter in Svalbard beginnt im Februar“, sagen die Männer, wie aus einem Munde — „erst dann, wenn die niederen Temperaturen zwischen minus 40 und 50 Grad einsetzen und das Meer und die

Fjorde zufrieren!“ Und ich dachte immer, mit der Wiederkehr des Lichtes sei alles Schwere überwunden.

Obwohl es erst Vormittag ist, macht Karl doch schon Feierabend. Er meint, in der Winternacht dürfe man keine Arbeit übertreiben, das sei ungesund. So legt er sich wieder hinauf in die Koje und singt mit seiner hübschen Stimme.

Aber sein Repertoire ist in der dunklen Zeit bedenklich zusammengeschrumpft. Seine lustigen Schnadahüpfln sind verstummt. Er singt nicht mehr das Lied von Schlachtemeister Jul, der durch vier Strophen schlachtet und im Refrain schon selbst quiekt und grunzt wie ein Schwein. Er singt nicht mehr das Lied, wo die „Fingerlosen Klavier spielen und sich die Nasenlosen schnäuzen, daß es eine Lust ist“. Er singt nur mehr ein einziges trauriges Lied, das Lied eines unglücklich verliebten Zigeuners, das er wohl von einer Grammophonplatte her kennt. Er singt das Lied, wo er geht und steht, beim Arbeiten, Kochen und Schlafengehen, und besonders tragisch klingt es, wenn es mit Grabesstimme in Trauermarschtempo aus der Tiefe seines Schlafsackes ertönt. Das schwermütige Lied aus der Pußta würde traurig stimmen, wenn nicht Karl in seinem unverwüstlichen norwegischen Humor anfinge, sich über seine eigene Schwermut lustig zu machen.

Wie das bei den meisten Überwinterern üblich sein soll, hat jetzt jeder von uns einen kleinen Spleen, der im Wachsen begriffen ist. Ich hätte angeblich die Näh-, Flick- und Putzwut. Mein Mann nährt einen krankhaften Geiz für alles, was aus Holz ist. Jedes Stück Brennholz, das verschürt wird, verfolgt er mit Habichtsaugen, und sämtliche Zündhölzer und Bleistifte hat er unter seiner Kojenmatratze vergraben, auf der er wie ein Zerberus sitzt und Wache hält. Karl hat hingegen, wenn er nicht singt, den Sprechwahn. Er spricht und spricht in einem unheimlichen Tempo, das mich an das einer Kinderdampfmaschine vor dem Explodieren erinnert. Das Unheimliche ist, daß er selbst es gar nicht merkt, wenn er eine Geschichte zum sechsten und siebentenmal erzählt. Und immer wieder stellt er die große

Frage: „Wo überwintern wir nächstes Jahr?!" Er meint, er kenne feine Plätze, die Weiße Insel ganz im Osten, die immer vereist ist, wo im Frühjahr Hunderte von Walrossen liegen. Oder wollen wir Flathuk pachten*), dort ist ein „*lakseelv*" (ein Fluß mit Lachsen), da können wir die ganze Winternacht fischen, oder gehen wir in die Bockbai, mit den vulkanischen Quellen? Da leiten wir das heiße Wasser für Fruen in die Hütte, da kann sie die ganze Winternacht baden.

Und wenn wir ihn dann daran erinnern, daß er doch im kommenden Jahr in Tromsö die Schifferschule besuchen wollte und es langsam Zeit wird, das Studium hier zu beginnen, wo er doch die Schulbücher schon in der Koje habe, dann seufzt er nur und meint, das Schifferexamen sei für ihn sinnlos, er komme ja doch nicht mehr los von Spitzbergen.

Heute essen wir das vorletzte Mal Seehund, dann haben wir noch vier Schneehühner. Das von Karl eingeführte Lofotenfischergericht, Kartoffel, geröstet in Lebertran, wird rationiert. Auch die Füchse sollen nur nach und nach abgezogen werden. Ihr Fleisch gilt jetzt als eiserner Bestand und soll bis ins Frühjahr hinein reichen. Wir brauchen nun dringend Bären, um frische Fleischvitamine zu erhalten**).

Karl fragt immer wieder die Karten: „Kommt das Packeis, kommt es nicht? Bekommen wir Bären?" — Nach und nach drehen sich alle unsere Gedanken um das Packeis. Merkwürdigerweise ist mein Grauen vor dem Packeis verschwunden. Ich denke genau so wie die

---

*) Alle Jagdhütten Spitzbergens sind Besitz der norwegischen Jäger oder aber norwegischer Privatbesitz.

**) Die Jäger haben nicht den vitaminhaltigen Proviant, wie ihn sich wissenschaftliche Expeditionen leisten können. Sie sind alle mehr oder weniger von der Erbeutung frischen Fleisches abhängig. Als Jagdbeute kommen Schneehühner, Seehunde und Bären in Frage. Die wenigen Exemplare der nahezu ausgerotteten Renntierherden stehen unter Jagdschutz. An dieser Stelle sei auch erwähnt, daß der Versuch des Norwegers Dozent Hoel, Moschusochsen in Spitzbergen anzusiedeln, gelungen ist. Die Herden, die ebenfalls unter Jagdschutz stehen und in den vegetationsreicheren Tälern Mittelspitzbergens leben, vergrößern sich von Jahr zu Jahr.

Jäger. Auch für mich wird das Packeis eine Sehnsucht, das geheimnisvolle Helle da draußen in der Dunkelheit, das, was die unschätzbaren Werte bringt für die weltabgeschnittenen Jäger in der Winternacht: Bären, frisches Fleisch, Felle, Spannung, Erlebnis, Jagd und ... neue Füchse. Füchse, die auf dem Treibeis leben, Füchse, die ihr Leben lang nur hinter dem Bären herschleichen und das fressen, was er von seiner Mahlzeit übrigläßt. Füchse, und das ist der springende Punkt, Füchse, die schnurstracks in die aufgestellten Fallen laufen, wenn sie an Land kommen, weil sie ihr Leben lang noch keine Fallen gesehen haben und kein Mißtrauen kennen.

Aber das Packeis ist eine windige Sache. „Es liegt draußen, ein paar Zehner von Kilometern von der Küste entfernt", meint mein Mann. Aber der starke Strom, der von Westen kommt, hält es vom Herankommen ab, ein starker anhaltender Sturm von Nordwest oder Nordost könnte es heranbringen.

Und der Wind ist natürlich unberechenbar. Das Eis sei manches Jahr im Herbst an die Nordküste gekommen, manches Jahr erst im Frühjahr. Manchmal sei es gekommen und sofort wieder weggegangen. Manchmal sei es gekommen und den ganzen Sommer über liegengeblieben, und manches Jahr sei es überhaupt nicht gekommen.

Ich denke an die Geduld der Jäger. Oft genug kommen sie herauf von Norwegen, Fischer und Seeleute, rüsten ihre kleinen Expeditionen von ihrem letzten Ersparten aus, lassen sich von einem Schiff an der Küste absetzen — und warten ... warten auf das Eis, das die Bären bringen soll.

Bärenjagd in Spitzbergen ist eine Sache des Wartenkönnens. Es ist Glückssache. Die Jagd nach den Bären selbst ist dann vielleicht gar nicht das Schwierigste, sondern das Wartenkönnen in Einsamkeit und Finsternis.

„An was merkt man denn überhaupt in der Finsternis, wenn das Packeis kommt?" frage ich die Männer.

„Am Lärm, Kind Gottes, an der Kälte, an den anhaltenden niederen Temperaturen."

„Ich rieche das Packeis schon von weitem, wenn es kommt", sagt Karl begeistert, „und dann, das erste, was die Bären tun, wenn sie zu einer Hütte kommen, sie schlagen das Ofenrohr ein."

„Entsetzlich! Und warum denn gerade das Ofenrohr?"

„Das weiß der Himmel", sagen die Männer. „Aber sie tun es immer, vielleicht aus Mutwillen, oder es stört sie der Anblick in der Landschaft, weil sie ja ihr Leben lang kein Ofenrohr zu sehen kriegen auf dem Packeis. Sie schlagen ja auch alle Fensterscheiben ein, wenn keine Läden davor sind. Sie wissen nicht, was Glas ist, da schlagen sie eben mal hinein, aus Neugierde vielleicht."

Die Männer erzählen von dem Bären, der des Jägers Björnes Fenster einschlug, um in die Margarinebüchse zu patschen, die auf dem Tisch vor dem Fenster stand. Ein angenehmer Schreck für den an dem Tisch sitzenden Jäger.

Karl erzählt von seinem siebzigjährigen Kameraden der vorjährigen Überwinterung, der allein in der Hütte verblieben war, als Karl auf Tour ging. Während dieser Zeit hatte sich ein Bär der Hütte genähert und hatte das Ofenrohr in die Hütte hineingeschlagen. Als Karl nach Hause kam, saß der Alte vor dem demolierten Ofen, in Rauch, Staub und Eiseskälte, mit strahlendem Gesicht, und berichtete, der erste Bär sei da gewesen.

Die Männer kommen ins Erzählen. Karl hat siebenundzwanzig Bären geschossen, genau so viele, wie er Jahre alt ist. Alle Bären traf er auf dem Meereis im Sommer, wenn er mit seinen Kameraden vom Fangschiff aus auf Seehund- und Walroßjagd ging. „Man muß reglos liegenbleiben auf dem Eis, möglichst wie ein Seehund, wenn ein Bär herankommt. Man muß ihn ganz nahe an sich herankommen lassen, aber doch nicht näher als bis auf zehn Meter, weil sich der Bär aus dieser Entfernung auf sein Opfer stürzt, wie eine große Katze.

Mein Mann erzählt von Bären, die er im Sommer gesehen hat. Bären, die sichtlich die Wärme der Sonne genießen, die in der Sonne sitzen und sich mit den Tatzen den Magen reiben vor Vergnügen.

Er erzählt von einem Bären, dem er in der Winternacht einmal begegnete, als er gerade auf einem schmalen Streifen Eisfuß auf allen vieren unter den überhängenden Schneewächten der Uferfelsen entlang kroch. Brummend erhob sich der aufgeschreckte Bär plötzlich. Er wurde aber sofort mit solchem Ungestüm von dem Begleithund angegangen, daß der Bär ins Wasser sprang und schwimmend das Weite suchte.

Es wird die Geschichte von dem Bären erzählt, der sommerüber auf Prince Charles Forland geblieben war. Ein norwegischer Jäger mit seiner frischangetrauten Frau, die auf der Insel zur Überwinterung ausgebootet worden waren, begegneten eines Tages diesem Bären, schossen ihn und hatten nun Festbraten für viele Wochen.

Die Bären seien glänzende Taucher. Wenn sie einen Seehund am Rand des Eises erspäht haben, dann schwimmen sie unter dem Wasser und tauchen genau an der Stelle auf, wo der Seehund liegt, damit sperren sie ihm den Weg zum Wasser ab.

Die Bärinnen werfen ihre Jungen Ende Februar, Anfang März. Zu dieser Zeit gehen sie an Land, wo sie für sich und ihre Nachkommenschaft eine Schneehöhle graben. Die Spitzbergener Jäger erzählen, daß sie oft solche Höhlen gefunden haben, die entweder in Form eines großen T oder in Schleifenform gegraben waren, und zwar meist nach innen zu etwas ansteigend, damit sich die Wärme in der Höhle hält. Die jungen Bären bleiben zwei Jahre bei den Müttern, bis sie selbständig sind. Daher kommt es vor, daß man oft Bärinnen mit Jungen in verschiedenen Altersgrößen antrifft. Stößt der Mutter etwas zu, dann übernimmt eine andere Bärin oder ein Bär die Führung der Jungen.

Die Bärinnen sind strenge Mütter. Karl beobachtete eine Bärin, die unbemerkt einen Seehund anschleichen wollte. Die Jungen wollten durchaus mit der Alten laufen. Da versetzte diese ihren Jungen derart kräftige Schläge, daß die Kleinen wie Bälle weithin über das Eis kollerten. Ein änderer Jäger sah, wie eine Bärin im Wasser ihr Junges fürchterlich abohrfeigte, weil es nicht selbständig schwimmen wollte.

Die Männer erzählen auch traurige Begebenheiten, die der Mensch verursacht hat. Ein Jäger ging hinaus zu seinem aufgestellten Bärenselbstschuß. Er wunderte sich sehr, zwei Bären vor der Falle liegen zu sehen. Er konnte sich gar nicht vorstellen, wie zwei Bären durch einen Kugelschuß getötet werden konnten. Als er näher kam, erhob sich die Bärin, die bei ihrem toten Jungen gelegen hatte, und griff den Jäger an. Der war leichtsinnigerweise ohne Gewehr von Hause weggegangen. Er konnte sich nur so zur Hütte retten, indem er ein Kleidungsstück nach dem anderen auszog und hinter sich warf. Der Bär beschnupperte dann auch jedesmal sehr interessiert jedes Kleidungsstück, wodurch der Jäger für seine Flucht Zeit gewann.

Einer der Jäger zog einmal die Jungen einer erlegten Bärin bei sich in der Hütte auf. Als die Jungen größer wurden, unternahmen sie selbständige Spaziergänge auf dem Eis. Eines Tages kamen die Kleinen schreiend nach Hause. Ein großer Bär folgte ihnen neugierig aufs Land. Die Kleinen, die noch nie einen großen Bären gesehen hatten, suchten Schutz bei ihrem menschlichen Ziehvater.

6. Januar. Heute haben wir das letztemal Seehund zu Mittag. Er ist nun gar nicht mehr gut. Er schmeckt wie ein in Aluminium gekochter Fisch. Die Kartoffeln schmecken wie Roßkastanien und das Sauerkraut wie aufgeweichtes Papier. Aber unser Appetit ist noch sehr auf der Höhe. Wir essen ansehnliche Quantitäten. Karl ist dick und rund gefressen, obwohl er sehr blaß ist und seine Augen immer farbloser werden. Aber das gehört ja wohl zur Winternacht.

Zu unserem größten Verdruß machen wir noch eine schlimme Entdeckung. Bei der Besorgung des Proviantes muß eine Verwechslung geschehen sein. Statt schwarzen Kornmehls haben wir einen Sack feines Weizenmehl bekommen. Wir hatten mit den Vitaminen des grob gemahlenen Kornmehls gerechnet.

Nun sind auch alle Nahrungsmittel endgültig erfroren. Die Eier fallen wie Steine aus den Schalen, wenn man sie öffnet, und die Kondensmilch klappert in den Büchsen. Die Karotten und Sellerieknollen, die ich bis jetzt wie eine Katze ihre Jungen von einem Raum in den anderen getragen hatte, damit sie eine halbwegs günstige Temperatur haben, sind auch erfroren.

Es wird nun immer dringender, daß wir frisches Fleisch kriegen.

Der Wind denkt nicht daran, einmal konsequent aus Nordost zu wehen, um das Packeis zu bringen. Er ändert die Richtung oft dreimal am Tag, und die Temperatur schwankt zwischen minus 30 und minus 2 Grad innerhalb zwölf Stunden.

Heute, den 9. Januar, klart es auf, und zum erstenmal sehen wir um die Mittagszeit am südlichen Horizont einen schmalen, schwachen, rötlichen Schein. Wir sind ganz wild vor Freude: Ist auch vielleicht die Welt in Flammen aufgegangen, die Sonne existiert noch, und die Erde geht ihre gewohnte Bahn!

Dann kommen wieder Tage der schwärzesten Winternacht.

Heute, den 22. Januar, hat der Himmel das erstemal Farben. Im Süden steht ein hoher, zitronenfarbiger Schimmer, der in ein durchsichtiges Blau übergeht. Über unseren Köpfen blinken aber noch alle Sterne.

Wir sehen uns das erstemal bei Tageslicht und sind ganz entsetzt. Hellgelb wie Kellerpflanzen sehen wir aus, schlaff und welk ist die Haut.

25. Januar. Es ist heute so hell, daß die Dinge zum erstenmal wieder fürs Auge greifbare Formen annehmen. Die Grohuker Berge liegen in ihrer ganzen fühlbaren Schwere da. Dieses körperlose Schweben und Schwimmen aller Konturen im unsicheren Licht ist vorbei. Es ist, als stünde man selbst zum erstenmal wieder sicher mit den Füßen auf der altgewohnten, altbekannten Erde. Die Männer gehen in die Berge nach Schneehühnern schauen. Sie haben Durst nach frischem Blut, sagen sie. Sie kehren zurück, müde und deprimiert. Weit und breit ist keine Spur von einem Lebewesen zu sehen.

Am 26. kommt endlich etwas stärkerer Wind auf von Norden. 25 Grad unter Null. Der Himmel ist überdeckt. Alles ist eingehüllt in dichte Schneewehen. Karl kommt in die Hütte gestürzt. Eine Schar Eidervögel schwimmt an der Küste vorbei. Die Männer laufen mit den Gewehren hinaus. Zu spät! Die ganze Kolonne von etwa fünfzig bis sechzig Stück schwimmt hinaus aufs Meer.

Es ist aber immerhin möglich, daß die Vögel in den nächsten Tagen an unserer Küste bleiben. Es wird beschlossen, auf alle Fälle das Boot auszugraben, von dem nur mehr die vereisten Ruderpflöcke aus dem Schnee ragen.

Das Boot ist zu einem einzigen Eisklumpen gefroren. Wir arbeiten zu dritt mit Axt und Schaufel. Es ist gar nicht so leicht, die Bootsbänke aus dem Eis herauszubildhauern. Aber nach zwei Stunden Arbeit ist endlich das Boot frei.

Den 27. starker Sturm und Schneewehen aus Osten. Die Eiderenten sind wieder an der Küste. Im Windschatten flattern sie auf und nieder. Sie halten eine Stelle im Wasser offen. Die ganze übrige Bucht ist heute bedeckt mit Sörpe (Eisschlamm), der im rasenden Oststurm wie ein zäher grauer Brei ins Meer hinauszieht.

Die Jäger haben zwei Vögel geschossen, vom Land aus. Die Vögel liegen zwischen der Küste und dem gestrandeten Eisberg, um den herum der Eisschlamm treibt. Von der Hütte aus sehe ich, wie die Männer in Schneewirbel gehüllt, das Boot ins Wasser schieben,

Sie rudern vorsichtig in der schmalen Wasserrinne im Windschutz der vereisten Uferfelsen. Es ist ein großes Wagnis, heute mit dem Boot ins Wasser zu gehen, es wäre nicht das erstemal, daß ein Boot, im Eisschlamm festgeraten, rettungslos abgetrieben wurde.

Zwischen Schneeböen sehe ich die Männer im Boot. Da scheinen sie auch schon in den Schlamm geraten zu sein. Um die Ruder legt sich die zähe Eismasse. Ich sehe, wie die Männer mit Aufbietung aller Kräfte zum Ufer rudern, aber nicht vom Fleck kommen. Sie halten das Boot in heftiger Bewegung, um das Festfrieren zu verhüten. Es vergehen furchtbare Minuten, bis sich endlich der Abstand zum Ufer verringert.

Mit den letzten Kräften ziehen sie das schwere Boot ans Ufer. Abgekämpft und lachend kommen sie nach Hause. Sie haben ihr Leben riskiert für die ersten Vitamine. Die kleinen toten Vögel aber, die nicht erreichbar waren, treiben mit dem Eisschlamm hinaus ins Meer.

1. Februar: „Winteranfang."

Der Treibschnee wächst zu Bergen vor der Hütte. Unentwegt schaufeln die Männer. Sie überlegen, ob sie nicht ein Loch ins Dach sägen sollen, um in Zukunft auf diesem Wege ins Freie zu gelangen.

„Kommt das Packeis? Kommt es nicht?" Karl fragt unermüdlich die Karten.

Das Packeis kommt und der erste Bär

Die Stärke des Windes bleibt, dreht abends auf Nord. Die Temperatur sinkt auf minus 35. Auch den nächsten Tag stürmt es weiter aus Nordost. Nun muß das Packeis kommen! Abends sinkt die Temperatur auf minus 40 Grad, und Karl riecht das Packeis in der Luft.

Wie im Fieberwahn legt er Patiencen, während draußen der Sturm in der Finsternis rast. „Wieviel Bären werden an die Küste kommen, wieviel Bären schießt Fruen, wenn sie alleine ist in Hütta?"

„Ein Bär für Fruen", verkünden die Karten. Karl nimmt mich eilig in die Lehre. „Wenn du einen Bären geschossen hast, dann mußt du ihn sofort abziehen, solange er noch warm ist. Aber die Leber, die darfst du nicht essen, die ist nämlich giftig. Aber die Galle, die mußt du gut aufheben, und zwar in Alkohol. Der Apotheker in Tromsö betaler acht Kroner, acht Kroner, wenn man sie ihm in Alkohol bringt. Die Galle ist gut für Rheumatismus, kuriert Zahnschmerzen und alle Geschwülste."

„Die Bärengalle soll Radium enthalten", wirft mein Mann dazwischen. „Ja, und wir auf den Eismeerschiffen haben meistens den Alkohol von der Galle schon vorher ausgetrunken, bevor wir nach Tromsö kamen."

Die ganze Nacht stürmt es weiter. Früh erwache ich vom Lärm eiligen Hinundherlaufens, von Türenschlagen und Zurufen draußen. Dann wird auch meine kleine Kammertür aufgerissen, und mein Mann ruft herein: „Das Eis ist vor der Tür — — —! Das Eis ist da — — —!!"

Vor lauter Freude läßt er alle Türen sperrangelweit offen, auch die ins Freie. In mein Kämmerchen dringt ein Schein von bläulicher

Dämmerung, und draußen rauscht es — —! Knirschend, kreischend, sägend, singend, pfeifend — — —

So schnell war ich noch nie in den Kleidern und draußen im Freien durch das enge Schneeloch. Ein eisiger, feuchtkalter Nebel erfüllt die rötlich matte Dämmerung. Dort, wo sich früher das dunkle Wasser des Meeres und der Bucht erstreckt hatte, dort wälzt sich heute die ungeheure, unabsehbare weiße Masse des Packeises. In unaufhaltsamer, gleichmäßiger Bewegung treiben die gigantischen Schollen ganze Türme von aufeinandergeschichteten Blöcken, die dick beschneit sind und wie wandernde Berge aussehen, von Norden her in unsere Bucht hinein. Donnernd und polternd krachen die schwimmenden Riesenblöcke aneinander, und draußen rauscht das Meer in einem einzigen schrillen, anhaltenden Ton.

Da stehen wir nun mitten in dem gigantischen Schauspiel. Das ist nun wieder Bewegung, Leben und Schicksal. Ein unbändiges Glücksgefühl erfüllt uns alle drei, als ginge plötzlich der Strom des Lebens wieder durch uns hindurch nach einer langen Lähmung.

Keiner denkt daran, richtig zu frühstücken. Karl putzt wie ein Irrsinniger an seinem Gewehr herum, und mein Mann schnürt seine Komaga zu, während er seine Wetternotizen aufschreibt. Der Kaffee kühlt aus in den Tassen. Schließlich schlüpfen sie in ihre Anoraks, nehmen ihre Gewehre und gehen fort. Ich sehe, wie sie geradeaus gehen, jeder in einer anderen Richtung, und dann verschwinden sie in der Weite der düsteren, eisigen Schneelandschaft.

Da stehe ich allein im Schnee. Ich komme mir vor wie plötzlich mittenhineingestellt in eine fremde, brausende Großstadt, deren Sprache ich nicht verstehe. Aber in der Hütte hält es mich schon gar nicht heute. Dumpf und still ist's unterm Schnee. Ich pfeife heute auf Ordnung und einen pünktlichen Haushalt.

Mit dem Riesen-Coltrevolver im Gürtel, wage ich mich bis zum Vorsprung unserer kleinen Halbinsel. Dort, den Rücken gedeckt vom Holzstapel, betrachte ich das Schauspiel des wandernden Eises.

Der ganze unabsehbare, gigantische Strom, einmal von Wind- und Meeresströmung in Bewegung gesetzt, kennt nun kein Aufhalten und keine Hindernisse mehr. Dort, wo die Buchten Grohuks nach Norden freiliegen, dort schrauben und schieben sich die Schollen und Blöcke über die vereisten steilen Ufer hinauf zu meterhohen Wällen. Ich schaue mit dem Fernglas hinaus aufs Meer. Überall bis zum Horizont sind die Eismassen in Bewegung.

Nun begreife ich die Gewalt des Eises. Nun ahne ich, was es heißen muß, mit dem Schiff in seine Umklammerung zu geraten. Was es für ein unmenschlicher Kampf sein muß, über die pressende, treibende Eisfläche sein Leben zu bergen. Und wer unter das Eis gerät, ist verloren. Eine Unmenge von Schiffen sind im Lauf der Jahrhunderte an dieser Küste vom Eis zermalmt worden. Jammerbucht, Sörgebai, Bangenhuk — nun verstehe ich die Namen.

5. Februar. 22 Grad. Es ist windstill. Das Eis liegt festgepackt in der Bucht, wenn auch noch nicht festgefroren. Stellenweise sieht man noch offenes dunkles Wasser.

6. Februar. Der erste Bär ist heute bei uns gewesen. Er stieg über die Uferfelsen bei unserer Hütte an Land. Er kam anscheinend übers Meereis, und seine Spur führte zum Boot, dessen schwarzer Kiel aus dem Schnee herausragte.

Wir waren leider nicht zu Hause gewesen. Karl war früh zum Odden (Landzunge) gegangen, und ich begleitete meinen Mann zu den Bergen. Ich kehrte früher zurück, um zu kochen. Erst spät am Abend kam Karl nach Hause. Er hatte die frische Bärenspur auf seinem Weg entdeckt und war ihr fjordeinwärts nachgelaufen. Der Bär hatte, so erzählte er, von sämtlichen Fuchsfallen die schweren Steine weggeohrfeigt und die Köder gefressen mitsamt den Holzstöcken.

Wir gingen auf die Suche nach meinem Mann, der mir heute morgen für den Heimweg sein Gewehr mitgegeben hatte als Waffe.

Wir trafen ihn am Eingang der Wijdebai. Karl meint, der Bär bleibe auf Grohuk, es sei unser Bär. Aber mein Mann meint, er käme nicht wieder, denn Bären seien ruhelose Wanderer.

Der Spur nach war es ein kleiner Bär, wenn auch die Tatzen riesenhaft wirken und unsere Fußspuren dagegen sich klein wie von Puppenfüßen ausnehmen.

In Eile werden die Bärenselbstschüsse konstruiert. Ich finde sie sehr primitiv. Aus leeren Kisten — in unserem Falle ein paar leeren Orangenkisten —, gestellt auf vier Pfosten. Etwas Speck, etwas Draht und ein kleiner Revolver genügen, um so ein Tier umzubringen.

Die Selbstschüsse kommen auf felsige Landzungen, mit ringsherum aufgestellten Stangen, die weithin sichtbar sind auf dem Meer. Die Neugierde der Tiere muß dadurch geweckt werden, und kommen sie an Land, dann muß ihnen der Weg zu dem Stückchen Speck möglichst bequem vorbereitet sein. In der Höhe des Kopfes des schreitenden Tieres muß der Speck in der kleinen Kiste liegen. Zieht der Bär am Speck, dann geht die Kugel direkt in den Kopf.

Mehrere Selbstschüsse werden aufgestellt. Einer am Odden, einige weiter entlang an der Küste, und zwei im Umkreis unserer Hütte. Seehundspeck wird auf das Herdfeuer gelegt, wenn der Wind seewärts geht, um durch den Geruch des gebratenen Speckes die Bären an die Küste zu den Fallen zu locken.

Schlecht passen diese Mordvorbereitungen zur bezaubernden Rückkehr des Lichtes. In den hauchzarten Dämmerungstönen von zartestem Rosa und grünlichem Blau strahlt noch der Mond, und immer noch wehen die hellen Schleier des Nordlichtes über den morgendlichen Himmel hinweg.

Kaum sind alle Fallen aufgestellt, eine lange und eiskalte Arbeit, fängt es auf dem Fjord an zu knistern und zu pfeifen. Langgezogene zischende Laute kommen und gehen von der Küste hinaus aufs Meer. Es rumort und gurgelt unter der schweren Eisdecke. In der Nacht kommt Wind von Süden, melancholisch und brausend. Früh ist zu unserem größten Entsetzen und Staunen alles Eis aus der Bucht hinausgetrieben.

15. Februar. Wind aus Südwest. Fünf Grad Wärme! Alles taut, und vom Dach herunter tropft es. Wir müssen die Kartoffeln in den Schnee eingraben, damit sie nicht auftauen, und wir müssen auch leider unsere letzten Schneehühner alle auf einem Sitz aufessen. „*Helvedes golfstrom!*" (Höllischer Golfstrom) sagt Karl, die Wärme, die vom westlichen Meer herüberkommt, verfluchend.

Am 16. Februar: minus 35 Grad und Nordwind. Das Eis kommt wieder in die Bucht zurück. Die Eidervögel sind wieder an unserer Küste. Aber wir schauen nicht mehr hin nach den kleinen Vögeln; seitdem Bären an der Küste sind, sind wir anspruchsvoller.

Im andauernden eisigen Wind friert der Fjord. Gefesselt liegen die Packeisstücke. Eine neue fremde Landschaft erhebt sich vor unserer Halbinsel. Durch die wuchtigen Zacken, Türme und Tore des in wilder Willkür geschichteten Eises rast der Sturm, und der treibende Schnee formt neue phantastische Riesen.

Wie es aufklart, ist das Meer ein weißes, starres, unübersehbares Schollengewirr, das in der Ferne bei der Klarheit der Luft einen feingezeichneten, wild gezackten Horizont hat. Eine betörende Stille liegt über allem. Ein Stück Morgenröte schwimmt im pastellblauen Himmel. Ich sehe die Männer klein wie Ameisen in der Ferne der riesigen Eislandschaft arbeiten. Sie reparieren die Fuchsfallen, die der Bär zerschlagen hat.

Karl kehrt heute allein heim, mein Mann ist weiter fjordeinwärts gegangen. Er wollte am nächsten Tag mittags zurück sein. Doch als er auch am Abend noch nicht heimgekehrt ist, werden wir beide langsam nervös. Es ist schon dunkel, ein dicker Nebel liegt über allem. Da fällt ein Schuß draußen auf dem Meer. Wir laufen ins Freie. Ein zweiter Schuß kommt vom Meereis herüber. Wir wissen es nun: er hat sich verlaufen. Nun schießt auch Karl, um Orientierung zu geben.

Es vergeht eine lange, bange Zeit. Das Eis ist jetzt noch voller Spalten und Löcher. Bald bekommen wir Antwort auf unser Rufen, und dann klettert eine total bereifte Gestalt ans Ufer. Mein Mann war, um abzukürzen, über eine Bucht gegangen und hatte dabei in der Dunkelheit die Richtung verloren.

20. Februar. Die Männer haben das Schneeschaufeln satt. Sie haben eine geniale Erfindung gemacht. Sie haben nun vor der Außentür einen Gang in den Schnee geschaufelt, nach Norden, der Richtung, aus der am wenigsten Flugschnee antreibt. Der Gang ist mit Balken überdeckt, und einige Schneetreppen führen hinauf ins Freie. Und wenn wir in der Hütte sind, dann wird ein Kistendeckel waagerecht über die Öffnung gelegt. Nun kann es wehen, so viel es mag, wir kommen doch immer wieder leicht ins Freie.

Außerdem bedeutet der Gang großen Raumgewinn. In seine weißen Wände sind Nischen geschnitten für Kohlensack, Kartoffeln und die Salzfleischkiste. Wir haben nun eine schneeweiße Vorratskammer.

25. Februar. Wir sind alle in feierlicher Stimmung heute, denn wir werden zum erstenmal die Sonne wiedersehen. Der Himmel ist klar, nur im Süden steht ein Bogen von Wolken, der sonnenglänzende Ränder hat. Das vereiste Land liegt noch im blaugrauen Schatten. Immer neue, glänzende Wolken steigen über den Horizont. Sie werfen lange, dunkle Schatten auf die Nebelbank im Norden. Ein Streifen Meereis funkelt schon in der Sonne.

Unten im letzten Zipfel der Woodbai ist eine Lücke zwischen den hohen Bergen. Dort haben wir die Sonne zum letztenmal gesehen, dort wird sie das erstemal wieder erscheinen. Wir stehen auf dem Meereis. Wir verfolgen den leuchtenden Schein, der hinter der Bergkette zieht. Da! Es leuchtet grell auf zwischen den Bergen, dann wandert der Widerschein weiter nach Westen. Einen Augenblick haben wir die Sonne gesehen.

Eine Möwe kommt fjordeinwärts geflogen. Die erste zurückgekehrte Möwe. In großer Höhe fliegt sie dahin. Aber als sie uns

Menschen sieht, kommt sie niedrig herab, umkreist uns einmal und fliegt dann weiter.

In unberührter Schönheit, in heiliger Stille liegt die vereiste Welt da. Der Vogel fliegt unter dem strahlenden Himmel mit langsamen Flügelschlägen über den Fjord, als bezöge er als erster eine eben erst erschaffene, unberührte, herrliche Welt.

Totes Land

Auf die Spannung des Packeiserlebnisses, die Freude der Wiederkehr des Lichts folgt eine grenzenlose Ernüchterung. Nun ist wieder zu viel Eis da, sagen die Jäger, das alle Lebewesen von uns fernhält.

Von den Bergen aus sehen wir den unabsehbaren Packeisgürtel vor der Nordküste, ohne irgendwelche offenen Wasserstellen. Bären und Seehunde halten sich aber nur an solchen auf.

Auch auf Grohuk ist keine Tierspur zu sehen. Mit der Jagd steht's schlecht. Die Männer sind ernst und schweigsam.

Das Licht, ein diesiges, weißes Nebellicht, beleuchtet die große, unendliche Totheit um uns. Fast ist es, als empfände man Sehnsucht nach der Dunkelheit, nach dem tiefen Unbewußten mit seinen leuchtenden Träumen und seinen Erwartungen für die Wiederkehr des Lebens.

Karl ist in das Innere der Wijdebai gezogen, um dort die Winterfüchse aus den Fallen zu holen. Mein Mann will versuchen, Kap Roos über das Meereis zu erreichen. Beide Männer hoffen, daß ihnen auf diesen Touren etwas Lebendiges vor die Gewehrläufe komme, das uns endlich die ersehnten Vitamine liefern soll.

Karl brach Ende Februar an einem Morgen auf, dessen dämmerige Farbenschönheit mir unvergeßlich bleiben wird. Mein Mann begleitete ihn, um ihm ein Stück Wegs seinen schweren Rucksack zu tragen.

Der ganze Himmel war von einem tiefen Lila, das über dem Meereishorizont in ein weiches Kobaltblau aufklarte. Von Osten her kamen leuchtend gelbe Himmelsfarben. Die gewaltige Fläche des Meereises gab die Himmelsfarben opalisierend wieder. An den Uferrändern und an den Stellen um die schweren Packeisstücke, wo das Flutwasser an die Oberfläche dringt, leuchteten die Farben spiegelhell auf.

Ich stand lange vor der Hütte, in den Anblick dieser berauschend farbigen Landschaft vertieft. Plötzlich höre ich eine Stimme ganz laut an meinem Ohr: „Da gehst du links den Hang hinauf, da sitzen immer welche!" Erstaunt drehe ich mich um. Im weitesten Umkreis keine Menschenseele zu sehen. Die Männer sind längst meinen Blicken entschwunden.

„Dann hast du wenigstens frisches Fleisch", setzt die Geisterstimme in der Luft fort, „für uns hier heraußen wird es ja leider langsam etwas kritisch."

„Well, well antwortet es in der Luft in Karls Tonfall, „ich werde euch schon einige frische Schneehühner mitbringen." Skischritte hört man, von denen man nicht weiß, ob sie kommen oder gehen, dann ist es plötzlich still und bleibt auch still.

Lange stehe ich und warte und denke, die Männer müssen umgekehrt sein und im nächsten Moment in nächster Nähe wieder auftauchen. Aber sie kommen nicht, und ich begreife langsam, daß ich eins jener Phänomene von Schallübertragung auf weite Strecken wahrgenommen habe, von denen ich wußte, daß sie in der klaren Luft des hohen Nordens möglich sind.

Ich gehe zurück in die Hütte. Ihre Verwahrlosung und schmierige Schwärze grinst mich an aus allen Ecken. Ich kann mich nicht länger beherrschen, es ist keiner da, der es mir verbieten könnte, und bevor noch meine eigene Vernunft gegen das unsinnige Beginnen Einspruch erheben kann, setze ich den ganzen Raum unter kochendes Seifenwasser. Ich scheuere mit einer wahren wilden Lust.

Als mein Mann zurückkommt, ist das Wasser an den Wänden und am Fußboden gefroren. Die ganze Hütte glitzert wie ein Kristallpalast. „Bist du irr?" ruft mein Mann aus.

„Lieber irr in einer sauberen Hütte als normal in einem Saustall!" gebe ich zurück und scheuere weiter. Keine Macht der Welt kann meinen Putzanfall aufhalten.

Ist es nun die Reaktion auf das lange Geducktsein der Winternacht, ist es das, daß alle Weiber auf der Welt unbedingt im Frühjahr putzen müssen, ich weiß es nicht.

Mein Mann tobt, ich tobe, es ist ein gigantischer Krach. Die ganze aufgespeicherte Winternachtsnervosität explodiert mit einemmal. Ich bin selbst erstaunt über das Ausmaß meines Wesens, das ich so in Europa nicht kannte.

So gigantisch wie der Krach ist dann auch die Ruhe nach dem Sturm. Singend und erleichtert geht jeder seiner Arbeit nach. Mein Mann sucht sich alles zusammen, um für seine bevorstehende Reise einen Nansenschlitten zu zimmern, ich putze weiter.

Eine Matratze kommt mir unter die Hände, die an ihrer Unterseite verschimmelt und klatschnaß ist. Ich zerre sie zum Schneeloch hinaus. Draußen bläst ein eisiger Wind. Mit verbissener Wut und kältelahmen Händen zerreiße ich den Überzug. Die Fetzen frieren zu starren Brettern, die, sich übers Eck drehend, zum Meer hinunterholpern, wo sie wie schwarze Gestalten zwischen den Schollentürmen dahinstürmen und in der violetten Zauberlandschaft verschwinden. Tagelang später noch haben sich die Männer den Kopf zerbrochen über die seltsame Spur im Schnee, die von der treibenden Leinwand verursacht worden war.

Erst als auch noch der Proviantschrank vom Flugschnee, der durch Türen und Ritzen eindringt, gesäubert ist, bin ich zufrieden. Dann haben wir aber auch eine blitzsaubere Hütte.

Als der Nansenschlitten fertiggestellt ist, rüsten mein Mann und ich uns zur Tour fjordeinwärts. Mein Mann will die Füchse vom inneren Gebiet der Woodbai kriegen und ebenso die von Kap Roos. Karl hat zwar von der Tour über das Fjordeis wegen der dort herrschenden berüchtigten Strömungen abgeraten, aber mein Mann hat durch Jäger Nois, der diesen Weg schon öfter gemacht hat, genaue Weisungen und Anhaltspunkte für diesen Weg bekommen. Mein Mann ist nicht zu halten. Ich bitte, wenigstens bis zur Svendsenbaihütte mitgenommen zu werden.

An einem klaren Tag rüsten wir zum Aufbruch. Im Freien wird der Schlitten gepackt, mit dem Allernotwendigsten für eine solche Tour, Schlafsäcken, Gewehr, Säge und Axt, Köderstöcken und allen Werkzeugen, um die Fallen zu reparieren und aufzustellen; es ergibt alles zusammen eine ansehnliche Schlittenladung.

Nachdem sie seemännisch festgeschnürt ist, nochmals Einkehr in die warme Hütte. Bei dieser bei den Jägern allgemein üblichen Rast vor beschwerlicher Wintertour, die auf den Neuling fast wie eine Andacht wirkt, wird, schon in vollster Marschausrüstung, bedächtig noch ein warmer Trunk geschlürft. Kein überflüssiges Wort wird gewechselt. Alle Gedanken und alle Körperkräfte sind auf die bevorstehende Tour eingestellt.

Auch uns steht es klar vor Augen, daß wir uns auf der heutigen Tour keine Rast leisten dürfen. Bei minus achtunddreißig Grad und etwas Wind sind Minuten ohne Körperbewegung für den warmblütigen Menschen gefährlich.

Die Hüttentür wird verrammt, wir schlüpfen in unsere Skier und sausen mit dem vollbepackten Schlitten die steile Uferböschung hinab aufs Meereis. Mein Mann zieht den Schlitten an einem Ledergurt, der quer über die Brust gelegt ist. Ich versuche hinten, auf den Skistab gestemmt, den Schlitten vorwärts zu schieben.

Anfangs geht's in gleichmäßigem Tempo über die Pulverschneefläche hin. Bald bekommen wir Gegenwind, das Eis wird uneben, und der Weg für den Schlitten muß über und zwischen einzelnen ragenden Schollen gesucht werden, bis nach Verlauf von etwa einer Wegstunde der Schlitten im Schollengewirr nicht mehr vorwärts zu bringen ist. Es bleibt uns nichts anderes übrig, als mitsamt dem schweren Schlitten die steilen Uferfelsen zu erklimmen, um an Land weiterzugehen.

Mich dünkt, wir kommen nur langsam vorwärts am Fuße der gewaltigen Rillenberge. Jede einzelne Rille erfordert zur Umgehung viele Hunderte von Menschenschritten. Ich schiebe nicht mehr den Schlitten. Ich bleibe absichtlich etwas zurück und hebe ab und zu den

Hinter den Grohuker Bergen stiegen zwei riesige leuchtende Bogen empor. Wie weiße Feuer standen sie im dunklen Nachthimmel (S. 108).

schützenden Wollschleier vom Gesicht. Kap Roos, die vereiste Bockbai liegt vor uns. Die weithin sichtbaren Gebirge, der Fjord, die massiv wuchtigen Rillenberge uns zur Seite, alles glitzert und funkelt in unvergleichlicher Klarheit in der grellen rötlichen Morgensonne.

Nur wenige Sekunden vermag das unbeschützte Menschenauge in die vereiste Pracht zu sehen. Das gleißende Land erscheint in seiner Klarheit so greifbar und doch so verwunschen fern und fremd in seiner namenlosen Stille und Reglosigkeit, wie durch Jahrtausende vergessen, in eisklare Wassertiefen versenkt.

Heimlich wühle ich aus dem fahrenden Schlitten meinen kleinen Fotoapparat. Dabei kommt es mir vor wie Todsünde, aus diesem überirdischen Landschaftsbild ein Stück herausstehlen zu wollen, um es mit mir zu nehmen. Es soll mir auch nicht gelingen. Mein Kastl knipst gar nicht, es streikt. Das Öl im Mechanismus scheint gefroren, und im Nu sind auch meine für Sekunden entblößten Hände abgestorben und schneeweiß.

Mein Mann kehrt um. Zwischen seinen warmen Händen massiert er meine erstarrten mit einer Wucht, daß ich aufheulen könnte vor Schmerz. Dann, als wieder das Leben in die Hände zurückgekehrt ist, streift er wieder die Handschuhe über meine Hände, den Schleier vor mein Gesicht und zieht wortlos seinen Schlitten weiter. Ich komme mir zurechtgewiesen vor wie ein unartiges, dummes Kind. Hinter meinem Wollschleier, zu halber Blindheit verdammt, trotte ich hinter dem Schlitten drein.

Sturm umtost uns, der aus den Tälern zwischen den Bergen kommt. Immer weiter geht der Weg über die oft berghohen vereisten Schutthalden, entlang den vereisten Uferfelsen, zwischen welchen ich manchmal bis zur Hüfte in Schneespalten rutsche. Nur immer weiter ... weiter ...! Keine Rast ist erlaubt. Ich darf nicht klagen. Ich wollte ja selbst diese Tour mitmachen. Mir fehlt auch jeder Ausdruck zum Klagen. In mir und um mich herrscht die mächtige Schweigsamkeit des Landes, die strahlend über meine Menschenwinzigkeit hinweggeht.

Nach Stunden ist die kleine Landzunge erreicht, die der Svendsenbai vorgelagert ist und auf welcher die kleine Hütte steht. Sie ist im Schnee versunken, nur das schwarze Ofenrohr ragt aus der Schneefläche. Die Hütte muß erst aus dem Schnee geschaufelt werden. Drinnen ist von Karl, der als letzter von uns (vorigen Herbst) diese Hütte benutzte, nach Spitzbergener Jägerart alles für den Empfang des Nächstkommenden vorbereitet. Getrocknetes, gespaltenes Holz liegt vor dem Ofen, alles ist geputzt. Wir sind froh, nach und nach aus unseren vereisten Hüllen herauszukommen. Wir genießen dann beim glühenden Öfchen, herrlich in einen dicken Schaffellsack gepackt, eine Eiderente vom vorigen Sommer, die da als Hüttenproviant hing. Die kräftige Suppe tat ungeheuer wohl.

Mein Mann ist schweigsam. Durch das kleine Hüttenfensterchen sehen wir die weite Eisfläche der inneren Woodbai. Das Fjordeis ist, so weit das Auge sehen kann, wild zerklüftet von ragenden und aufeinandergetürmten Schollen. Die hiesigen vereisten Küstenberge fallen so steil ins Meer ab, daß sie unbegehbar sind. Der Weiterweg ist also nur übers Fjordeis möglich, über dessen aufgewühlte Fläche jedoch kein Vorwärtskommen mit dem Schlitten möglich ist. Bleibt bei einer Fortsetzung der Tour nichts anderes übrig, als alle Last auf dem Rücken zu tragen.

Nur das Allernotwendigste will mein Mann zur Rast in den nicht dafür vorbereiteten Hütten mitnehmen. Es bleibt immer noch eine schwere Rückenlast für die in der Winternacht ohnedies reduzierten Körperkräfte.

Am nächsten Tag sehe ich meinen Mann mit seiner hohen Rückenlast als wanderndes schwarzes Pünktchen in der Ferne zwischen den Meereisschollen verschwinden. Was ich in der Zeit meines Alleinseins zu tun habe, habe ich nachgerade gelernt: arbeiten und wieder arbeiten, um Kälte und Einsamkeit zu ertragen.

In Hüttennähe, entlang dem Strand, stehen die nur noch wenig aus dem Schnee herausragenden, im vorigen Jahr gesammelten, pyramidenförmig geschichteten Treibholzvorräte. Die kleineren Pfosten und Pflöcke, die ich tragen kann, löse ich aus dem Schnee und schleife sie zur Hütte. Ich arbeite den ganzen Tag wunsch- und gedankenlos wie ein Zugtier, das eben arbeiten muß, will es leben.

Am nächsten Tag säge ich das Holz. Einen Sägebock, der sich bei jeder Hütte findet, wühle ich aus dem Schnee, eine Säge ist in der Hütte. Ist es die Eigenart der klaren Luft, ist es die Eigenart des durch viele Jahrzehnte durch Wind und Sonne gedörrten Holzes, die das Arbeiten erleichtert, ich weiß es nicht. Ich vermag die großen Klötze durch Stunden zu zersägen, ohne dabei zu ermüden. Das gesägte Holz zu spalten, ist ein Problem, denn die Hüttenaxt ist so stumpf, daß sie nur vom Holz abprallt, ohne zu spalten.

Ich suche die Hütte, die nicht größer ist als eine Koje lang und so breit, daß noch ein Öfchen neben der Koje Raum findet, ab nach etwas, womit ich die Axt schärfen könnte.

Ich finde allerhand merkwürdige Dinge. Eine große verrostete Kompaßlampe, verschiedene zerbrochene Schiffsbestandteile und drei feudale, porzellanene Fischschüsseln mit breitem Goldrand und Monogramm, wahrscheinlich von einem noblen Grubendirektor einer verlassenen Kohlenmine stammend. Ich muß lachen über den Sammeleifer der hiesigen Menschen, die wie Füchse alles in ihren Bau schleppen, was sie an herrenlosem Gut finden. Ob die Dinge dann auch verwendbar sind, lehrt erst die Not.

Ich finde auch Notizen, welche die Jäger stets vor Antritt einer größeren Tour in den Hütten hinterlassen, um im Falle eines Verschollenseins das Nachsuchen zu erleichtern. Auch an den Wänden und auf dem weißen Rand einer großen Landkarte von Schweden, die da an der dünnen Bretterwand hängt, wohl um gegen Zugwind zu schützen, stehen Anmerkungen. Sie klingen wie kleine Selbstgespräche, Gedanken über Sturm, Nebel und Finsternis. Mancher einsame Jäger, der vielleicht zu unfreiwilliger Rast in der kleinen Hütte gezwungen war, wollte wenigstens den Wänden seine Gedanken mitteilen, einen Beweis seines noch „Am-Leben-Seins".

Ich finde auch einen Stein. Mit diesem schärfe ich dann die Axt, einen ganzen Tag lang. Am Abend spaltet die Axt. Und am nächsten Abend liegt ein ansehnlicher Haufen gespaltenes Holz vor und ein ebensolcher aufgeschichtet in der Hütte.

Nun, wo die lebensnotwendigsten Arbeiten getan sind und ich mir Zeit gönne, in der Hütte zu rasten, kommen die Sorgen geschlichen. Die frische Zuversicht, der Optimismus, der den Menschen während der Arbeit beseelt, ist fort. Wird mein Mann die Richtung über den Fjord eingeschlagen haben, die an den Stromlöchern vorbeiführt? Noch niemals ist, soviel ich weiß, dieser Weg zu Fuß und ohne Hundeschlitten unternommen worden. Ich erinnere mich der Erzählungen der Jäger, wo Kameraden spurlos auf dem Fjordeis verschwunden sind. Und wie wird mein Mann sich nach harter Tour in den Hütten zurechtfinden, die alle nicht verproviantiert und wahrscheinlich auch ohne Brennholzvorräte sind? Manche der Hütten sind nach Karls Erzählungen in so schlechtem Zustand, daß „die Gegend zu den Bretterwänden hereinguckt".

Zu dieser Sorge um meinen Mann gesellt sich die Sorge um mein eigenes Wohlergehen. Ich habe zu meinem Schrecken entdeckt, daß der Hütten-Proviantkiste keine Zündhölzer beigepackt sind. In der Schachtel, die ich bei mir in der Tasche trug, sind nur noch drei Stück. Wie soll ich vierzehn Tage mit nur drei Hölzern reichen? Wenn Schneetreiben eintritt, kann ich nicht weiter vor der Hütte Brennholz zerkleinern, um Tag und Nacht Feuer zu halten. Wenn Schneetreiben oder Nebel kommt, ist auch keine Rückkehr für mich möglich nach Grohuk.

Ich beschließe also, das schöne Wetter zu nützen und morgen zeitig früh allein nach Grohuk zurückzugehen. Mit einer merkwürdigen Ruhe, die dem Menschen hier oben geschenkt ist, wenn er noch Herr seiner Entschlüsse ist, lese ich in den norwegischen Familienzeitungen, die mit ihren bunten Karikaturen und naiven Witzchen bei den Spitzbergener Jägern so beliebt sind und in keiner Hütte fehlen, wenn sie auch manchmal uralten Datums und ganz zerlesen sind.

Da sehe ich plötzlich durch alle Bilder hindurch — meinen Mann auf dem Eise — heimkehrend. Ich trete zur Hüttentür hinaus und entdecke wirklich in der Ferne das wandernde schwarze Pünktchen zwischen den Eisschollen.

Es bleibt noch Zeit genug, eine kräftige Suppe aufs Feuer zu stellen, den kleinen Tisch zu decken und ihm mit dem Nansenschlitten ein großes Stück auf dem Eis entgegenzulaufen.

Mit einem Seufzer der Erleichterung läßt mein Mann seinen schweren Rucksack auf den Schlitten fallen. „Unmöglich!" ist alles, was er fürs erste sagen kann. Dann erzählt er, daß er wohl im Inneren der Woodbai war, Kap Roos aber nicht erreichen konnte. Das Eis war salzig und wurde schließlich so dünn, daß er umkehren mußte.

Ich bin heilfroh, daß mein Mann gesund zurückgekehrt ist! Auf den Gewinn der Füchse wollen wir gern verzichten, wenn wir dafür unser Leben behalten.

Unverzüglich gehen wir am nächsten Tag nach Grohuk zurück. Es ist Mildwetter, minus zwölf Grad, aber doch für unsere Begriffe so warm, daß uns das Wasser von der Stirn läuft. Der Schnee klebt, die Nebelluft erschwert das Atmen. „Mildwetter ist der ärgste Feind des Wanderers in solcher Breite", behauptet mein Mann.

Todmüde schleppe ich mich nach Grohuk. Mein Mann ist aber so frisch, daß er schon am nächsten Tag aufbricht, um nach Biskayershuk zu gehen, wo Sven Ohlsen, unser einziger Nachbar, überwintert. Dort drüben, schon sehr im Westen, hofft mein Mann auf offenes Wasser zur Jagd, um mich mit frischem Fleisch zu versehen, bevor er seine alljährliche Tour in die Adventbai zur Radiostation antritt, um dort Nachricht zu geben in unsere Heimat und selbst Post zu erhalten. Ich würde dann für Wochen allein sein in der Hütte.

Der Weg zu Sven Ohlsen führt über die Woodbai, die Nordküste entlang über die kleine Rödebai. Bevor mein Mann fortgeht, überreicht er mir die letzte gefrorene Fuchskeule, mit dem strengen Auftrag, sie ganz aufzuessen.

Nun bin ich den neunten Tag allein. Wie lange mein Mann fortbleiben wollte, hat er nicht gesagt. Draußen liegt das Land in seiner Weiße, starr und ohne Atemzug. Kein Lufthauch regt sich. Unsere kleine windzerfetzte Wetterfahne ist an der Stange festgefroren. Wind und Sturm haben uns verlassen. Bis in die weitesten Weiten liegt das Eis. Da ist kein Grund mehr für Bewegung in der Luft, bei der Ausgeglichenheit der Atmosphäre.

Aber für die Menschen ist diese Stille furchtbar. Seit Tagen schon gehe ich nicht mehr ins Freie. Langsam scheue ich mich davor, in die Totheit des Landes zu schauen.

Ich sitze in der Hütte und hetze mich ab an meinen Näharbeiten. Ob heute oder morgen die Arbeit vollendet ist, es käme darauf nicht an, aber ich durchschaue mich. Ich will keinen Moment Denkpause in meinem Hirn, in der mir das Nichts da draußen bewußt wird. Ich ahne die ganze Gewalt des Gedankens, die hier einen Menschen leben oder sterben lassen kann. Ich ahne, vielmehr ich weiß es mit Bestimmtheit, daß es das war, das Grauen vor dem Nichts, das die vielen hundert Menschen früherer Jahrhunderte auf Spitzbergen sterben ließ.

Es war nicht Skorbut allein. Oft genug starben sie trotz vollen Speisekammern und trotz frischem Fleisch. Sie hatten Gewehre und Munition, das Land war voll grasender Renntiere in allen Tälern. Aber sie wagten sich nicht ins Freie. Das Grauen lag für sie gleich außerhalb der Hütte, es lag im ganzen öden Land wie ein Ungeheuer. Es hat die mutigsten Jäger und Seefahrer an die Hütte gebannt. Es war das Bild der großen Totheit des Landes, dieser furchtbare Stillstand alles Seins, das sich in ihre Seelen gezeichnet hat, alle Energie lähmte, die Kräfte nahm. Der körperliche Zerfall mußte nach und nach kommen.

Die heutigen Jäger Spitzbergens sind andere Menschen. Sie setzen ihre Lebendigkeit der Totheit entgegen. Sie gehen allein durch einsames Land, ohne Furcht vor Totheit, Sturm und Nacht. Sie gehen meilenweit, erkämpfen sich ihren schweren Verdienst, um immer wieder ein weiteres Jahr im hohen Norden verbleiben zu können.

Ich lese in den Tagebüchern meines Mannes, um mich vom Alleinsein abzulenken, und ich ahne das letzte Erlebnis des Landes, das ich als schüchterne Hüterin einer Hütte niemals ganz erfassen werde.

Ich lese von seinen Fahrten im offenen Boot, Hunderte von Kilometern an der Küste entlang, ich lese von allen seinen einsamen Touren durchs Land, das schön ist und doch voller lauernder Gefahren. Ich lese von Touren über Gletscher, mit dem Blick im Norden über das Meer, im Süden über die Fjorde, von Touren durch sonnige, vereiste Buchten, deren eisgepanzerte, bizarr geformte Berge in der Sonne strahlen, von Märschen entlang den mauerartigen Bergmassiven auf schmalstem Eisfuß, auf der einen Seite das trügerische Neueis, auf der anderen die Bergwände mit den zahllosen Runsen, durch die Stein- und Eislawinen niedergehen. Ich lese von der unfreiwilligen Rast in winzigen Hütten ohne Fenster, bei rauchendem Ofen und schwelender Lampe, von der Rast in berüchtigten Hütten, durch deren schon halb zerfallenes Gebälk der Sturm heult und vor deren Tür die kleinen Holzkreuze der Skorbutgestorbenen aus dem Schnee ragen.

Aber ich lese auch von der Einkehr in behagliche Hütten, bei Jägern, die selbst viele Monate einsam leben. Von der Freude der Mitteilung, von der Freundschaft der Norweger und ihrer stets bedingungslosen Gastlichkeit.

Ich lese von dem Weg über vereistes Gebirge, wenn unsicheres Fjordeis zu Umwegen zwingt, vom Erklimmen des Inlandeises, wenn zwischen Felswänden mit orkanartiger Wucht Schneeböen herabstürzen, Schneewolken gleich Wasserfällen vor sich herjagend. Und wenn auf der Höhe die Sicht benommen ist in tagelangem Schneefegen. Dann vom Weg hinunter über die Gletscher und weiter entlang an der felsigen Küste, von der aus man durch den Nebel das Donnern des aufbrechenden Eises und das Rauschen des Meeres hört.

Ich lese von Touren in der Winternacht, bei Mondschein über

glitzernde Hänge, über vereiste Lagunen, aus denen gespenstisch die bleichen Wurzeln der gestrandeten sibirischen Baumriesen ragen.

Und dann, wenn überraschend Sturm kommt und der Mond sich verdunkelt. Wenn in der weiten brausenden Finsternis und furchtbaren Kälte der Fuß sich entlangtastet über die endlosen Schutthalden, durch überwächtete Schluchten, wo wirklich nur der wiedererwachte Urinstinkt der Orientierung den Weg zur rettenden Hütte zurückfinden läßt.

Das Leben dieser Jäger ist eine Reihe von Leistungen, die fast unmenschlich sind. Sehr selten nur erzählen sie von ihren Erlebnissen.

Sie gehen nicht auf Ruhm aus, diese Menschen. Sie leben weitab vom Getriebe der Welt. Sie leben fast alle ohne Heim und Familie. Eine unbändige Liebe fesselt sie an das Land. Sie leben berauscht von dem Lebensatem dieser wilden Natur, aus der zu ihnen die Gottheit spricht.

Ich lege die kleinen Büchlein weg, die so voll sind von unbändigem Erleben und immer neuer, unbändiger Kraft.

Ich schäme mich, daß ich zu feige bin, in das Land zu schauen, in dem die anderen in Nacht und Sturm ihr Leben lang kämpfen.

Mit Aufwand aller Energie zwinge ich mich, ins Freie zu gehen. Das Land liegt reglos da, totenstill im verträumten Kobaltblau der hellen Nacht. Ein hellgelber Schein geht um die Erde. Ich sehe den Widerschein, wenn die Sonne über den Atlantik, Amerika und den Stillen Ozean wandert.

Zehnter Tag meines Alleinseins. Ich hatte heute nacht einen furchtbaren Traum. Obwohl man mir niemals etwas davon erzählt hat, so weiß ich jetzt doch, wie der Strom unter dem Eis zieht. Ich sah das grüne Wasser unter dem Eis und fühlte körperlich seine ziehende Gewalt.

Ich habe Sorge um meinen Mann.

Elfter Tag allein. Ich habe etwas von dem festgefrorenen Schneehügel vor dem Hüttenfenster weggehackt, um einen Ausblick zu haben über das Meereis.

Zwölfter Tag. Luftspiegelungen sind draußen. Das Eis an der Horizontlinie des Meeres ist gehoben und steht auf dem Kopf auf den höchsten herausragenden Blöcken. Die Erscheinung über dem Eis mutet an wie ein von hohen weißen Säulen getragenes Gebälk, das mit dem Zug der wärmeren Luftschichten in rasendem Tempo von Westen nach Osten zieht. Auch die weit ins Meer hinausragenden flachen Berge von Verlegenhuk im Osten sind gehoben. Die unteren Partien der Berge erscheinen wie im Zickzack gebrochen. Luftspiegelungen sind das untrüglichste Zeichen für bevorstehenden Wetterumschlag.

Dreizehnter Tag. Der Tag vergeht, als wäre er nur eine Stunde lang. Vielleicht weil ich nur eine Sorge habe?

Vierzehnter Tag. Ich sehe nun nicht mehr hinaus aufs Eis, zu furchtbar ist die leblose Starrheit.

Am sechzehnten Tag fällt draußen ein Schuß, und als ich aus dem Schneeloch krieche, sehe ich die winzige schwarze Gestalt auf dem Eis, die sich langsam unserer Küste nähert. Mein Mann kommt, schwarzgebrannt und furchtbar mager und ... mit leeren Händen.

Auch bei Sven drüben ist das Meer vereist, und noch kein Lebewesen hat sich gezeigt. Aber Sven schickt für Fruen eine kleine Tüte getrocknete Zwiebeln, die angeblich Vitamine enthalten sollen.

Biskayershuk hatte mein Mann in ein und einem halben Tag erreicht, ohne Möglichkeit einer Rast, auf der fünfundsechzig Kilometer langen, beschwerlichen Tour. Ahnungslos sei er über den berüchtigten Russenstrom gegangen, einen schmalen Wasserarm, der einen See im Landinnern mit dem Meer verbindet. Die immerwährende heftige Strömung lasse da niemals eine Eisdecke entstehen, wohl aber überbrückten ihn trügerische Schneewächten, wie ihm nachträglich Sven erzählte.

Sven hatte eine unbeschreibliche Freude über den Besuch. Nach zweitägiger Rast bei Sven und noch zwei Tagen unfreiwilligen Aufenthaltes in der Hütte wegen des Sturmes zogen dann die beiden

Jäger gemeinsam mit den Hunden zum Renntierland Odden. Von hier aus durchstreiften sie getrennt das Renntierland, fanden aber nur im südlichen Teil der Halbinsel Renntierspuren. Zum Schuß kam keiner von beiden.

Sven soll aber versprochen haben, sowie er einen Seehund oder Bären habe, zu uns herüberzukommen, um auch uns frisches Fleisch zu bringen.

Karl kommt Anfang April zurück, ebenfalls sehr mager und schwarzgebrannt. Auch in der Wijdebai sei alles tot, außer zwei Schneehühnern habe er nichts geschossen. Aber er bringt einen Schlitten voll Fuchsfelle mit. Die körperliche Erschöpfung steht ihm im Gesicht, aber seine Augen leuchten vor Freude, weil er wieder unter Menschen ist. Er ist zwei Monate allein gewesen.

Ein Jäger bringt Post

Heute am zwölften April ereignet sich etwas ganz Besonderes. Es ist ein Wintertag vollendeter Schönheit, eine fast harte Klarheit über dem regungslos vereisten Land. Das Thermometer beharrt nun schon seit einigen Tagen auf minus 35 Grad. Es ist der erste Tag, an dem nicht Rauhreif sich auf alles legt, sobald ein kleiner Windhauch aufkommt. So hängen die beiden Jäger ihre weißen Fuchsfelle in die Sonne, um sie zu trocknen und zu bleichen. Von Sonne und Wind werden die Haare locker und glänzend. Vorher aber werden die Felle noch mit Sägemehl und Benzin behandelt, und die Hütte sieht wieder einmal aus wie ein Stall.

Mein Mann fabriziert draußen ein Gestell aus Skistöcken und Skiern, an dem die Felle aufgehängt werden sollen. Plötzlich aber klopft er ans Fenster und ruft Karl und mich hinaus. „Horcht mal!“ sagt er mit strahlendem Gesicht.

In der weiten Stille, wenn auch noch in großer Entfernung, aber doch ganz deutlich, hört man eine Menschenstimme. „Höie, höie . . !“ ruft es. Das kann nur ein Jäger mit einem Schlittengespann sein. Da wird auch schon auf dem Hang unterhalb der Grohuker Berge das Schlittengespann sichtbar, wie ein winziges schwarzes Spielzeug. Vorneweg fünf stürmende schwarze Hunde, dahinter zwei aufrechte Gestalten. Mein Mann erkennt am Gespann, daß es sein alter Freund, der Jäger Nois, ist, der Erbauer unserer Hütte, in Begleitung eines seiner Gehilfen. In kühnem Schwung fährt das Gespann vor der Hütte vor, Männer und Hunde ganz bereift. Die Freude für uns, wieder Menschen zu sehen, die Freude von Nois, uns drei, die er besuchen will, wohlbehalten am Leben anzutreffen, ist unbändig. Endloses Händeschütteln. „*Welcom, welcom, takk for sist!*"*)

Hilmar Nois, der schon fünfundzwanzig Jahre als Jäger auf der Insel lebt, dem kein Unternehmen zu gewagt, dem keine Mühe zu groß ist, wenn es heißt, hilfsbereit zu sein, ist auch im Aussehen der typische norwegische Jäger. Groß, breitschultrig, braungebranntes Gesicht, helle Augen, helle Wimpern und buschige Brauen. Seine Kleider sind wie die aller Überwinterer weißgelblich und primitiv mit großen Flicken ausgebessert, und an den Füßen — man sollte es nicht für möglich halten, daß man in dieser Fußbekleidung das winterliche Spitzbergen durchqueren könne —, an den Füßen trägt er nur dicke Socken, mit Sohlen von aufgenähten Rohgummistücken. Er und sein Begleiter sind tadellos rasiert.

Lachend schaut Nois auf seine im Schnee versunkene Hütte und auf das vereiste Meer. „*Baksen***) habt ihr genug hier draußen!"

Der Begleiter, ein hagerer, junger Mensch, schirrt die Hunde aus, hackt für jeden ein Stück von dem mitgebrachten gefrorenen Fleisch herunter und wirft es ihnen vor. In der Hütte holt Nois aus seinem Rucksack ein Riesenpaket Briefe und Radiotelegramme heraus. Wir stürzen uns darauf und lesen und atmen auf. „Gott sei Dank, alles wohl zu Hause." Währenddessen setzt sich Nois an den kleinen Tisch am Fenster und greift freudig zu den dort liegenden Spielkarten und vertieft sich sofort in eine Patience. Er macht absolut kein Wesen daraus, daß er tagelang unterwegs war, um uns zu besuchen und Post zu bringen, und einen Weg von seiner Haupthütte im Sassendal mit dem Umweg zur Post von zweihundertachtzig Kilometer über Gletscher und Fjorde zurückgelegt hat.

„Erzähl, Nois, wie sieht's aus auf der Welt? Ist Krieg?" fragt mein Mann.

Nois ist in seine Patience vertieft. Er gibt nur kurze, brummende Antworten. „Krieg? Nein, vorderhand nicht."

---

*) „*Takk for sist* = Danke für das letzte Mal!" ist eine in Norwegen übliche Begrüßungsform unter Freunden und Bekannten.

**) *Baksen* = Packeis.

„Und wie sind die Fuchspreise?“ fragt mein Mann weiter.

„Schlecht!“

„Ist Spitzbergen schon in Jagdterrains eingeteilt?“

„Nein, weiß der Teufel.“

Aber nach und nach kriegen wir doch allerhand Neuigkeiten zu hören und den neuesten Spitzbergen-Klatsch. Obwohl nur ganz ver-

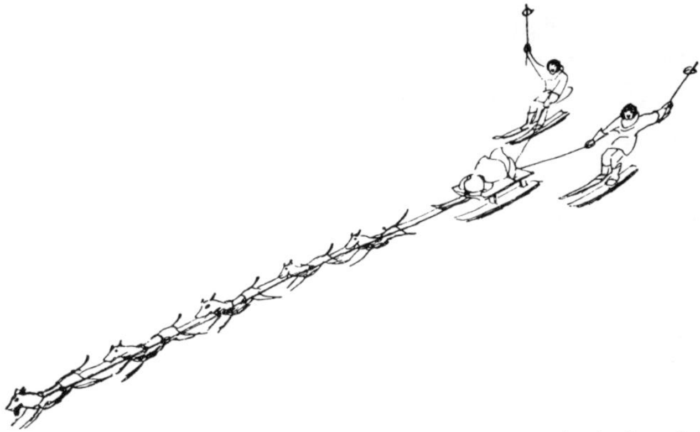

einzelt Menschen rings um die Küsten leben, ist es doch das gleiche wie in einer Kleinstadt, nur daß alle Sensationen noch mehr übertrieben werden, den großen Entfernungen angemessen. Schließlich fließt die Unterhaltung wie ein Mühlbach.

Es stellt sich heraus, daß der Begleiter von Nois Mediziner ist, Parasitenforscher von Fach, der bei Nois überwintert hat und zu seinem größten Leidwesen weder in Renntieren noch in Seehunden und Füchsen irgend etwas Parasitenähnliches gefunden hat. Er setzt seine ganzen Hoffnungen auf unsere Füchse.

Nun wird die Unterhaltung noch intensiver, nachdem mein Mann gehört hat, daß der Mediziner im Lauf des Winters Radioneuigkeiten von Europa gehört hat. Obwohl sich mein Mann zufriedengegeben hat mit Noisens knapper Auskunft, daß nirgends Krieg sei, packt ihn jetzt doch die Unruhe, Näheres zu hören.

Wir bekommen ausführlich berichtet. Eine Frage gibt die andere. Es entspinnen sich lange Diskussionen, und bald hängt die Hütte voll düsterer Wolken des europäischen Gewitterhimmels, unter dem die beiden Diskutierenden ernst auf und ab gehen. Ich erkenne das sorgenvolle Gesicht Europas wieder, das man hier ganz vergessen hat.

Karl und Nois sitzen außerhalb der Wolken, mit den heitersten Gesichtern der Welt. Sie erzählen sich Lustiges aus ihrem Seemanns- und Jägerleben und lachen dabei aus vollem Hals. Sie haben etwas von der Heiterkeit und Unkompliziertheit der Naturvölker, die naturverbunden leben und keinen Teil haben an der Verspekuliertheit der zivilisierten Welt. Ihre Gesichter sind die von unbekümmerten Knaben.

Auffallend sind die Gesichter der beiden Welten, die hier so nahe beieinander sind. Und plötzlich wird mir klar, daß die Zivilisation unter einem schweren Vitaminmangel leidet, weil sie ihre Kräfte zu wenig direkt aus der ewig jungen, ewig wahren Natur zu schöpfen vermag. Die Menschheit hat sich verstiegen in Unnatur und Spekulation. Der tiefe Sinn, das Weltumwälzende der Mahnung: „Werdet Bauern, begreifet die Heiligkeit der Erde!" wird mir heute erst so richtig klar.

Unser Mittagsmenü ist leider wenig festlich, es ist monoton wie unsere Vorräte. Wir erzählen Nois unser Mißgeschick mit dem frischen Fleisch.

„*Jo, Grobuk er en död plads.* Aber zu Ostern seid ihr ja alle meine Gäste in Sassendalhytta. Ich habe *plenty* Schneehühner geschossen und einen Eimer Orangemarmelade aufgehoben für euch. Meine Glasveranda ist auch fertig."

Zu meinem größten Staunen höre ich, daß wir alle in zwei Tagen mit Noisens Hundeschlitten südwärts ziehen sollen, nach einer Abmachung, die mein Mann voriges Jahr im Herbst mit Nois getroffen hatte, um das erste Schiff, das in die Heimat geht, zu erreichen.

So sehr es mich in die Heimat zieht, so wenig kann ich es fassen, daß wir so plötzlich dieses Land verlassen sollen. Ich will jedoch die Pläne der Männer nicht durchkreuzen, und so fange auch ich an, die Reise vorzubereiten.

Da wird unterhalb der Grohuker Berge das Schlittengespann sichtbar, wie ein winziges schwarzes Spielzeug (S. 149).

Eine Unmenge ist noch zu tun. Es beginnt ein Räumen und Suchen und Einpacken. Die Gäste helfen, so gut sie können. Nois zieht den letzten Fuchs ab, auf den sich der Mediziner allsogleich stürzt, um ihn zu sezieren. Wie alles das möglich ist in einem Raum von drei Quadratmeter, wo alle vier Männer extra groß und breitschulterig sind, ist mir heute noch unbegreiflich. Zu allem Überfluß sitzt auch noch der große zottige Grönländer Schlittenhund Jumbo, der als Raufbold von den anderen getrennt gehalten werden muß, mitten in der Hütte und allen im Wege.

Aber es geht. Alle sind bester Laune. Nois findet es sogar arg gemütlich bei uns, und er will sich auf alle Fälle nächstes Jahr auch ein „*Kukingpike*", ein Kochmädchen, halten. Er sieht bei uns, wie nett so was ist.

Die Freude des Mediziners ist unbeschreiblich, als er bei seiner Sezierarbeit einen Bandwurm ans Tageslicht befördert, den er feierlich auf meinen Kochtisch legt. Dann wird weiterseziert, denn wer weiß, wieviel wertvolle Überraschungen dieser kostbare Fuchs noch birgt.

Alle Fuchsfallen im Umkreis sollen noch niedergeschlagen werden. Nois stellt seine Hunde dazu bei. Ich soll gleichzeitig für Skikjöring trainiert werden für die lange Reise. Die Fahrt geht zuerst fjordeinwärts.

Der Schlitten steht bereit, die schwarzen, zottigen Hunde sind angeschirrt. Es steht einer hinter dem anderen. Die Leine läuft durch die Brustgeschirre.

„Halt dich fest, Fruen!" sagt Nois, indem er mir ein an den Schlitten befestigtes Seil in die Hand gibt.

„Hoiho!" ruft Nois.

Mit einem plötzlichen Ruck stürmen alle fünf Hunde zugleich los und rasen, alles hinter sich mitreißend, wahllos über vereiste Steinhügel und Mulden. Dann bleibt auf einmal die ganze Kolonne stehen. Einer der Hunde hat ein kleines Geschäft zu verrichten. „Hoiho!" Neuer Sturm über Eis und Steine. Wieder bleibt alles wie auf

Kommando stehen. Der nächste Hund wünscht eine Pause, und so geht es fort, bis keiner der Hunde mehr eine Ausrede hat, haltzumachen. Das sind so die Details der Schlittenreise, die man in den arktischen Büchern nicht liest, denke ich mir im stillen. Dann geht es aber in wirklich herrlichem Tempo über ein Stück ebenes Land. Bergauf geht es etwas langsamer, aber immer noch im scharfen Trab. „Mitlaufen!" ruft mir mein Mann zu. „Gleichmäßig ausschreiten!" brüllt der Mediziner. „Knie weich!" schreit mir mein Mann zu. „Mit dem Stock abstoßen!"

Ich bemühe mich, alle Bedingungen zu erfüllen und trotzdem das Gleichgewicht zu halten.

So geht es in rasendem Tempo über das Schneeland. Mit Zurufen „*Hoire! Venstre!* — Links! Rechts!" wird den Hunden die Richtung zugerufen. Sie parieren aufs Wort. Der Leithund ist so intelligent, daß er alles vorauszusehen scheint. Wir kommen zu einem Cañon*). Die steilen Felswände sind überwächtet, aber teilweise so verweht, daß sie befahrbar erscheinen. Des Cañons ansichtig, beschleunigen die Hunde noch das Tempo, um im gleichen Schwung auf der anderen Seite wieder heraufzukommen.

Die Hunde haben es geschafft, aber ich liege unten in der Mulde.

Ab und zu, wenn Fallen niedergeschlagen werden, darf ich auf dem Schlitten sitzen und mich ausruhen. Spitzbergen leuchtet in seiner weißen Größe und Pracht um uns. Es sind minus 15 Grad heute, wir empfinden das als Wärme. In verträumter Stille liegt die gewaltige Gebirgslandschaft um uns, in seiner Mitte der von weißen Schollen gleißende Fjord. Die Hunde liegen friedlich in ihren Geschirren und beißen sich das Eis zwischen den Zehen heraus. Sie freuen sich sichtlich über die Ruhepause.

Als dann die Hunde auf der Weiterfahrt die kleine, schwarze Svendsenbai-Hütte entdecken und der Schlittenführer sie mit „*Hytta, hytta!*" anspornt, da wissen sie, es geht dem Ende zu, und rasen, was sie nur können.

---

*) Cañon = senkrecht in den Felsen eingeschnittenes Flußbett.

Wieder ist die Hütte verweht und muß ausgeschaufelt werden. Die Hunde lagern sich in den weichen Schnee in der Sonne. Ich bereite in der Hütte eine „Jause". Tee, Zucker, Kondensmilch, Knäckebrot und Butter haben wir hier in genügender Menge.

Der Mediziner bewundert mein gesundes Aussehen und meine „unvergleichliche Seelenruhe".

Kunststück, wenn, wie hier, das Tagewerk nur aufs Lebensnotwendigste eingestellt ist und Tag und Nacht Zeit bleibt, der Natur zu leben. In unserer weiteren Unterhaltung bedauern wir alle Menschen der europäischen Städte, besonders die Hausfrauen, die, ohnedies abgehetzt vom beständigen Kampf mit Ruß, Staub, Motten und Mäusen, sich noch gegenseitig verpflichtet fühlen zu äußerem Schein. Wir sprechen weiter von Europas Kulturgenüssen, die uns dort so wertvoll sind, zum Beispiel die Musik, ohne die wir doch kaum zu leben vermögen, die die Seele erhebt und das Gemüt leicht macht. Merkwürdig genug, aber der Hunger nach Musik fehlt hier ganz. Unser Gemüt ist leicht, die Seele ist in einem dauernden Zustand der Erhebung. Die Natur scheint alles zu enthalten, was der Mensch für sein Gleichgewicht braucht.

Inzwischen haben die Hunde draußen alle weggeworfenen Federbälge unserer verzehrten Eiderenten vom Herbst aus dem Schnee herausgewühlt und verschlungen, was sie eigentlich nicht tun sollen. In dem angefressenen Zustand benehmen sie sich höchst unlustig beim Ziehen auf dem Nachhauseweg. Sie verfallen immer wieder in langsamen Trab, biegen ab, wenn es gilt, eine Höhe zu erklimmen, und tun rein so, als hätten sie noch niemals „*Hoire!*" und „*Venstre!*" gehört.

Dieses unregelmäßige Gezogenwerden ist natürlich viel anstrengender für die Beine als das schwungvolle Nachgleiten. Erst auf einer Anhöhe, wo es heißt, einen steilen Hang hinabzufahren, kommen die Hunde wieder in Begeisterung. Die zwei Männer tun ihr möglichstes, den Schlitten zu bremsen und von der steil ins Meer abfallenden Wand an der linken Seite abzuhalten. Es gelingt so leidlich. Aber unten in der Talsohle angelangt, kippt der Schlitten um, die Hunde verwickeln sich in ihre Geschirre, und eine heillose Beißerei ist das Ende.

Es dauert eine Weile, bis die Hunde glücklich wieder voneinander getrennt sind; es müssen auch erst wieder die verschiedenen Pfoten aus dem Strickegewirr sortiert werden, was den zwei schwitzenden Männern schließlich gelingt. Dann geht es wieder ein Stück in friedlichem Tempo dahin. Die Hunde trappeln gleichmäßig und betulich. Ich throne hoch oben auf dem vollbepackten Schlitten, muß aber alle Muskelkräfte anspannen, um auf dem über Eis und Felsstücke holpernden Schlitten zu balancieren. Schließlich ist unsere Hütte erreicht.

Wir gehen alle beizeiten schlafen, weil uns ja morgen eine anstrengende Reise bevorsteht. Als alles still ist in der Hütte, krieche ich noch einmal hinaus zum Schneeloch, um Abschied zu nehmen von Grohuk.

Es ist eine schöne, heilige, stille Nacht, Land und Himmel im lichtabgekehrten, verträumten Kobaltblau. Die vereisten Berghänge und Küsten nicht Wirklichkeit, nur Traum, nur vom ganz zarten duftigen Hellgelb des wandernden Tagesscheines beleuchtet, der um den nördlichen Horizont geht. Über allem die Stille, die nur Dinge des Jenseits sonst noch tragen mögen.

Die schwarzen Hunde liegen ruhend teils auf dem Hüttendach, teils im Schnee. Der eine setzt sich langsam auf, sein schwarzes Fell ist ganz bereift. Er schaut mich an mit großen, ernsten Augen, nicht fragend, nicht sprechend, welt- und wirklichkeitsfern und doch so voll von einem träumenden, tiefen Leben, dem gleichen geheimen Leben, das im ganzen stillen Land verborgen zu sein scheint.

Leise krieche ich zurück in die Hütte. Still ist es drin. Alle schlafen schon. Lange liege ich wach, obwohl ich todmüde bin. Ich weiß, daß ich die Reise morgen nicht mitmachen werde. Ich kann nicht . . . Ich kann einfach nicht fort von hier. Ich weiß, es wird noch schöner werden, wenn in dieses Land die Tiere zurückkehren, wenn alles zum Leben erwacht. Ich bin entschlossen, allein hierzubleiben, falls mein Mann unbedingt die Reise in die Adventbai mitmachen will.

Den nächsten Tag sage ich meinen Entschluß den Männern. Allgemeine Stille. Doch dann bricht Karl los: „Spitzbergennarr, Spitzbergennarr! *Nü blir fruen rar!* — Nun wird Fruen verrückt!" — Dann reden sie auf mich ein wie auf ein krankes Pferd.

„Du kannst die ganze Reise auf meinem Schlitten sitzen", sagt Nois, der glaubt, ich fürchte mich vor der langen Tour.

„Ich kann es nicht verantworten, daß Sie an der vitaminlosen Küste bleiben", sagt der Mediziner. „Es ist für Sie die letzte Reisegelegenheit."

„Spitzbergennarr!" sagt Karl immer wieder.

Nur mein Mann schweigt. Er kann mich verstehen. Er kommt ja selbst nie mehr los von Spitzbergen.

Aber schließlich brechen die anderen auf. Auch Karl geht mit. Da mein Mann das nächste Mal wieder allein überwintern wird, hat Karl einen „Job" angenommen, der ihm durch Nois für den Sommer angeboten wurde. Da muß er nach Tromsö. Schwer ist der Abschied von diesem treuen, stets hilfsbereiten Winternachtskameraden, dessen gutes Herz und unverwüstlicher Humor uns stets unvergeßlich bleiben werden. Karl verspricht, lebenslänglich zu schreiben. Der Mediziner verspricht, mit dem ersten Fangschiff politische Neuigkeiten heraufzuschicken, und Nois meint, er komme vielleicht mit seinem Motorboot, um hier oben Daunen zu sammeln. Er wolle uns dann Gemüse mitbringen, und sein Vater wird auch im Boot sein, der sich zu seinem siebzigsten Geburtstag eine Bootsfahrt um Spitzbergen gewünscht hat.

Händeschütteln, Bedanken. „*God tür!*", dann „Hoiho!", und los ziehen die Hunde. Einer der halbwilden Grönländer Hunde, der sich nicht mit den anderen einschirren lassen wollte, läuft in gestrecktem Galopp dem Schlitten nach.

Dann wird das Gespann mit den drei Menschen in der Ferne kleiner und verschwindet schließlich ganz. Aber das leiser und leiser werdende „*Hoire!*" und „*Venstre!*" hört man noch lange deutlich in der stillen, eisklaren Luft.

Ausflug aufs Rensdyrland

Es ist ein strahlend schöner Tag. Der Himmel italienisch blau, Land und Meer in glitzernder Weiße. Der Fjord hat heute mit seinen verstreut daliegenden, tief verschneiten Eisgebilden Ähnlichkeit mit einer in der Sonne träumenden Rauhreif-Parklandschaft. Wir stehen auf dem Dach der Hütte und schauen in die heilig stille Welt. Kein Lufthauch regt sich. Die reine Luft ist wie frisches Quellwasser.

Alle Ferne erscheint heute greifbar nahe. Das gegenüberliegende Rensdyrland*) mit allen seinen Hügeln und Mulden ist von einer Plastik, als könnte man es greifen. Die Ferne lockt mit rasender Gewalt. Ich spüre zum erstenmal die Wanderlust, die alle Überwinterer im Frühjahr packt. Ich möchte das nah erscheinende, traumhaft schimmernde Land jenseits des Fjordes in der Nähe sehen, fühlen, mit meinen Füßen betreten.

„Wollen wir nicht hinüberlaufen?" frage ich meinen Mann. „Vielleicht bekommen wir Vitamine!"

Mein Mann schweigt.

„Sagtest du nicht, daß Sven Ohlsen Ende April in seiner Rensdyrland-Hütte sein wollte und du die Möglichkeit eines Zusammen-

*) *Rensdyr* = Renntier.

treffens mit uns dort mit ihm besprachst? Ich möchte unsern Nachbar so gern kennenlernen!"

„Hm!" ist die Antwort.

„Sicher grasen die Renntiere zu Hunderten drüben in der Sonne!" fahre ich fort.

„Hm!"

„Du glaubst wohl, ich komme da nicht hinüber übers Fjordeis? Das wäre ja gelacht!"

Mein Mann schnuppert in der Luft, sieht in den Himmel und behauptet, es sei heute nicht der richtige Tag für eine solche Tour.

„Also schöner kann's doch nicht mehr werden", sage ich schon ganz wild vor Ungeduld.

„Es ist eben zu schön", sagt mein Mann. „Es ist der typische Tag, an dem sich die Unerfahrenen zu den größten Dummheiten verleiten lassen."

„Was soll denn geschehen?" werfe ich ein. „Fünf bis sechs Stunden wird das Wetter schon aushalten. In Svens Hütte finden wir Proviant, da können wir ein paar Tage bleiben, wenn schlechtes Wetter kommt, und die Verantwortung für diese Tour übernehme ich."

Mein Mann lacht und ist überredet.

Wir lassen in der Hütte alles stehen und liegen, schnallen unsere Skier an, setzen die Schneebrillen auf. Außer einem leeren Rucksack und den Gewehren nehmen wir nichts mit, und los geht die Fahrt.

Wir nehmen Richtung quer über den Fjord, senkrecht auf die gegenüberliegende Küste zu. Gerne wäre ich mehr fjordeinwärts gegangen, um am Südende der Renntierland-Halbinsel des Jägers Nois dortige Unterkunftshütte zu sehen, die, wie man erzählt, eine wohnlich eingerichtete Kiste sein soll — eine Flugzeugkiste, die unter anderem anläßlich Nobiles Flugstart zum Nordpol in der Kingsbai verblieben war und später von Nois in die Liefdebai verfrachtet wurde.

Wir gehen auch nicht direkt auf das Nordkap des Renntierlandes zu, wo unser Ziel, Sven Ohlsens Hütte, steht. Denn an der dortigen

Küste soll eine starke Meeresströmung das Eis unsicher machen und schon zeitig im Frühjahr zum Aufbrechen bringen.

Je weiter wir hinauskommen aufs Meereis, um so höher werden die aufeinandergeschichteten Eisblöcke. Der treibende Schnee aus allen Windrichtungen hat sie zu phantastischen Gebilden verweht. Manche sehen aus wie buschige Bäume, die weiche, tiefe Schatten werfen. Ab und zu tritt man hinaus wie auf weite, runde, beschneite Rasenplätze, auf denen Sonne und Stille liegt.

„Das sind die windstillen Zonen gewesen im Sturm, als der Fjord zufror", erklärt mir mein Mann, auf die weiten ebenen Flächen zeigend.

„Windstille Zonen?" Ich muß wirklich nachdenken, bis es mir vorstellbar wird, daß diese stille, verschneite Landschaft, die nun schon monatelang daliegt und durch die wir so sicher zu schreiten gewöhnt sind, nichts anderes ist als sturm- und frostgepeitschtes Wasser, und daß unter uns die Fische und Seehunde schwimmen und Gebirge liegen in vielen hundert Meter Tiefe.

Immer wieder nehme ich die Schneebrille ab, um die Farbigkeit des Eises zu genießen. Die Flächen und weichen Hänge sind von einem hellen Karminrosa, und alles der Sonne Abgekehrte vibriert in den himmlisch reinsten Spektralfarben, von Lila bis ins tiefste, reinste Kobaltblau.

Wir mögen ungefähr eine Stunde gegangen sein, da bemerken wir eine Möwe, die in langsamem Zickzackflug niedrig über das Eis dahinstreicht. „Sie sucht eine Bärenspur ab!" ruft mir mein Mann leise zu. Es dauert auch nicht lange, da stoßen wir auf die ganz frische, mächtige Tatzenfährte. Sie führt in gleichmäßigem Trott vom Meer aus fjordeinwärts. Wir folgen ihr ein Stück und kommen dabei an eine Stelle, wo der Bär offensichtlich gelagert hat. Zwei kleine weißfellige Seehundflossen liegen da, die Reste einer verzehrten Mahlzeit.

„Freilich, wir haben ja Ende April", sagt mein Mann, „da haben die Seehunde schon Junge geworfen. Sie wählen am liebsten die inneren Fjorde, da liegen die Jungen auf festem Eis. Viele Bären

Überall am Strand gehen die schwarzen Eiderweibchen ins Wasser, mit Scharen von Jungen um sich (S. 185).

werden heute fjordeinwärts wandern", meint mein Mann, und gleichmütig durchstochert er mit seinem Bambusstab die umliegenden Schneehügel und findet auch richtig die kleine Schneewölbung, unter welcher die Seehundmutter das Junge gebettet hatte, vermeintlich wohlgeborgen vor Bären und Füchsen und dem Späherblick der großen Raubmöwen.

„Was wird die arme Seehundmutter sagen, wenn sie aufs Eis kommt und findet nur mehr die abgenagten Knochen ihres Jungen?"

„Du darfst das Tiergemüt nicht mit menschlichem Maßstab messen", sagt mein Mann beruhigend und geht weiter, den besten Weg zwischen den Schollen suchend.

Verstohlen werfe ich einen Blick hinter mich, um zu sehen, wie weit wir uns schon von unserer Hütte entfernt haben. Aber was ist das? Von der Grohuker Küste ist nichts mehr zu sehen. An ihrer Stelle erhebt sich eine hohe, nie gesehene senkrechte, blau marmorierte Wand. Staunend rufe ich meinen Mann.

„Gehobenes Land", sagt er nur. „Anscheinend die Wijdebai, vielleicht auch etwas vom Nordostland spiegelt sich in den höheren wärmeren Luftschichten."

Für mich ist der Anblick im höchsten Maße verwirrend.

Immer mehr Bärenspuren kreuzen wir. Die gleichmäßigen Tatzentritte führen in Windungen zwischen den Schneehügeln hindurch, alle vom Meer herkommend, fjordeinwärts. Wir sind mitten im Bärenbereich.

Alle meine Furcht vor Bären ist verschwunden. Ich gehe wie im Traum durch die herrliche, seltsame Welt.

Wie still es hier ist. Die Sonne ruht in der lautlosen Landschaft. Glühend tief sind die zauberhaften Farben der weichen Schatten. Eins gehört zum andern in dieser Natur, auch die Tatzenspuren im tiefen Schnee, die zeigen, in welcher Gemütsruhe die Tiere ihres Weges gezogen sind. Alles atmet die gleiche Verträumtheit. Es ist, als zöge durch alles hindurch ein in sich geschlossener Strom des heiligsten Friedens.

Ich meine dem Wesen aller Natur nahe zu sein. Ich sehe die Wege, die verschlungen sind und doch aneinander vorbeiführen nach ewigen Gesetzen. Ich ahne das letzte Geborgensein, vor dem alle menschlichen Vernunftschlüsse in nichts zerrinnen.

Ob sich die Menschen in Europa wohl eine Vorstellung machen können von dem tiefen Frieden und der Schönheit dieser gigantischen Eiswildnis? In der Sonne, wenn alle Stürme vorbei sind? Ob sie wohl wissen, was sie tun, wenn sie eine Kreatur aus dieser großen Verträumtheit herausreißen und zu sich in die Großstädte schleppen? Wissen sie, was sie tun, wenn sie einen Eisbären in einen Käfig sperren, dieses kraftvolle Tier, das geschaffen ist, den größten Naturgewalten zu trotzen, den peitschenden Stürmen in langer Nacht auf treibendem Eis? Das Tier, dem es gegeben ist zu wandern, unentwegt zu wandern über Meere, vereiste Inseln und Länder, rastlos durch das weiteste, ungestörteste Reich der Erde?

Je weiter wir zur Fjordmitte kommen, um so gewaltiger werden die festgefrorenen Eisberge. Die schwersten unter ihnen weisen im Umkreis auf dem Eise große Sprünge und Risse auf, aus denen Meerwasser getreten ist, das auf dem Schnee wieder festgefroren und durchsichtig wie hellgrünes Glas ist.

Stunden um Stunden gehen wir durch die gewaltige, immer wieder neuartige, herrliche Welt. Schon wird das Renntierland vor unseren Augen immer deutlicher und höher, die Bärenspuren werden seltener. Da geraten wir in arges Schollengewirr, das mit Skiern kaum übersteigbar erscheint, ohne diese aber wegen der Spalten unter dem Schnee schon gar nicht überquerbar ist. Aber schließlich haben wir die Küste doch einmal erreicht. Das felsige Ufer, teils von gewaltigen Schneewächten überhangen, teils zum Fjord zu abgeschrägt, weist an den Rändern die gleichen Rillen und Spalten auf wie drüben unser Grohuker Ufer, jene weitgeschwungenen, überworfenen Sprünge in der Eisdecke, die von dem unentwegten Steigen und Fallen des Meeresspiegels bei Ebbe und Flut herrühren. Der Schnee des Festlandes ist durchkreuzt von zahlreichen Fuchsspuren. „Viele Füchse haben Svens Fallen gemieden", sagen wir beide wie aus einem Mund. Alle Fuchsspuren führen auf das Meereis. Dem Bären nachschleichend, finden die Füchse in dieser Jahreszeit genug Freßbares, was jener von seinen Mahlzeiten übrigläßt.

Das Renntierland ist bei weitem nicht so, wie ich mir das von drüben aus vorgestellt habe. Hier grasen nicht die Renntiere zu Hunderten, es ist überhaupt nicht vorstellbar, daß dieses vereiste Land Tundra sein soll, das Paradies der Renntiere. Ich fühle, daß ich müde bin und gräßlich durstig. Ich spüre den eisigen Wind, der uns von Norden her entgegenbläst und das Gesicht erstarren läßt. Wir sind noch weitab von „*Wellkomspynthen*", dem nördlichen Kap des Rensdyrlandes. Wellkomspynthen — Willkommenspunkt — haben schon die Eismeerfahrer früherer Jahrhunderte das Kap getauft. Ein Willkommenspunkt ist das Kap geblieben, auch für die Eismeerschiffe der heutigen Zeit, die von Osten her, den Zonen der häufigsten Eispressungen, kommend, vor der Nordküste des Renntierlandes offenes Fahrwasser finden, das der mächtige warme Meeresstrom von Westen her meist im Frühjahr schon frei zu halten vermag. Dieses Kap müssen auch wir heute erreichen. Bis zu ihm erstreckt sich Sven Ohlsens Jagdterrain, und dort liegt seine östlichste Unterkunftshütte.

Mein Mann führt mich ungefähr zwei Stunden lang über nicht enden wollende Hügel und Mulden quer übers Land, über ein vollständig unübersichtliches Gelände, so daß ich gar nicht begreifen kann, wie er jemals zu Svens Hütte finden will. Schließlich kommen wir aber doch genau dort an der Küste heraus, wo tief unter uns und winzig die kleine, verwehte Hütte steht.

In seiner ganzen Weite liegt das vereiste Polarmeer vor uns, nur im äußersten Westen und Norden sind einige kleine Strecken offenes Wasser sichtbar. Schwarzblau erscheint es in all der Weiße. Sein bewegtes Flimmern fasziniert unser Auge, und man hört, wenn auch nur ganz leise, doch ganz deutlich das Meer rauschen. Lange stehen wir wortlos, hören auf den lange entbehrten Klang und sehen gebannt auf das kleine Stück atmende, bewegte Natur. Und drüben in Westspitzbergen, über den weißen spitzen Bergen, brauen Wolken, richtige dunkle Sturmwolken. Wie lange haben wir keine Wolken gesehen! Ein seliges Heimatgefühl überkommt uns. Bewegte Natur, wenn auch nur aus weiter Ferne, zu sehen und zu hören, bedeutet für uns ein Erlebnis, das nur der zu ermessen vermag, der gleich uns durch Monate in einer zu Tode erstarrten Welt gelebt hat. Es ist, als quelle mit einem Male alles Lebendige aus unserer Seele nach einem langen, lähmenden Schlaf.

Aus dem Schornstein der kleinen Hütte steigt kein Rauch, man sieht es trotz der weiten Entfernung in der klaren Luft genau. Sven Ohlsen ist also nicht da. Das ist eine große Enttäuschung. Aber weil ich müde bin und hungrig, fahren wir hinunter zur kleinen Hütte. Der Schnee um die Hütte ist unberührt, Sven ist also lange nicht hier wesen. Die Hüttentür ist nach innen gedrückt, das kann nur ein Bär getan haben. Da weder Axt noch Spaten noch sonst irgendein Werkzeug im Hüttenumkreis zu finden ist, gelingt es uns nicht, die Tür zu öffnen. Die Kälte — wir haben heute minus 35 Grad — steigt uns in die Knochen. Schließlich gelingt es mir, mich durch den schmalen Türspalt in die Hütte zu zwängen und die Tür von innen nach außen zu drehen.

Endlich sind wir in der kleinen gemütlichen Hütte, in der Sven bei seiner letzten Anwesenheit alles für unseren Empfang vorbereitet hat. Besteck liegt auf dem Tisch und ein Schüsselchen Butter steht da, ein Zettel liegt daneben: „Kaffee fertig auf dem Ofen, Brot draußen im Vorraum." Vor dem Ofen liegen vorbereitet trocknes Holz, Späne und Zündhölzer. Rasch knistert ein lustiges Feuer. Der schon mit Zucker und Milch versehene Kaffee taut auf im Kessel und wird heiß. Wir trinken ungezählte Tassen des wohltuenden Getränkes und essen, nachdem wir es aufgetaut haben, ungezählte Stücke des von Sven aus schwarzem Kornmehl gebackenen, herrlich duftenden Sirupbrotes. Dankbar gedenken wir der Fürsorglichkeit dieses alten Jägers und strecken uns für eine Weile aus auf der breiten Koje neben dem glühenden Öfchen. Die Sonne flutet durch das kleine

Fenster herein, das Ausblick gewährt über das weite Polarmeer. Blitzsauber ist die kleine gemütliche Hütte. Man erzählt sich von Sven, daß er stets auf seinem Schlitten eine Scheuerbürste, Seife und Soda mit sich führe und jede seiner Hütten abseift, bevor er sie verläßt. Die Holzwände sind geschmückt mit bunten Drucken. Eine Anzahl bildschöner Mädchengesichter lachen herunter. „Sven hat einen guten Geschmack", finden wir beide.

„Du, wenn du vielleicht von hier aus auf die Jagd gehen willst", sage ich zu meinem Mann, „ich bleibe gern für ein paar Tage allein in dieser reizenden Hütte."

„In der man für immer hinüber ist, wenn man einschläft", ergänzt mein Mann.

Es ist mir nur schwer begreiflich zu machen, daß man in dieser freundlichen Hütte innerhalb weniger Stunden tot sein soll.

„Bedenke doch, du Kindskopf", bekomme ich zu hören, „es ist hier weder Axt noch Säge. Mit was willst du denn die Riesentreibholzstämme zerkleinern, die draußen vor der Hütte lehnen? Das gehackte Holz hier würde nicht allzulange reichen. Womit willst du denn kochen und dich erwärmen? Und überdies fehlen hier auch die Schlafsäcke. Die Hütte ist dünnwandig; und wenn Schlechtwetter uns an die Hütte fesselte, dann würde auch der Proviant nicht reichen. Auf Svens Ankunft in dieser Hütte darf man nicht rechnen, der geht gar nicht von Hause fort bei solchem Wetter."

Voller Sehnsucht schaue ich durch das kleine Fenster hinüber nach Biskayershuk, zu der kleinen, weit ins Meer hinausragenden Halbinsel, auf der Sven, „der nördlichste Schwede der Welt", nun schon seit mehr als fünfzehn Jahren allein mit seinen beiden treuen Hunden lebt. Ein paar alte Russengräber mit kleinen Kreuzen sind auf der Halbinsel, und im Sommer brüten dort Hunderte von Eiderenten um die Hütte. Svens Hunde seien rührend, so erzählte mein Mann. Wenn man bei Sven zu Gast ist und sich mit ihm unterhält, dann klopfen die Hunde auf ihren Plätzen unter der Koje andauernd wedelnd mit ihren Schwänzen auf den Boden, weil sie durch Jahre gewöhnt sind, daß die sprechende Stimme ihres Herrn einzig allein nur ihnen gilt.

An ein Hinübergehen nach Biskayershuk ist heute nicht zu denken. Es ist immer noch über vierzig Kilometer von hier entfernt, und zwischen hier und dort liegen die Rödebai und viele Lagunen.

Mein Mann mahnt energisch zur Heimkehr. Er sieht nur die Wolkenbank, die von Westen her rasch zu uns herüberkommt. Wir schreiben Sven von unserem Besuch, mit vielen Grüßen und Dank für Bewirtung, und legen die mitgebrachte Post auf den Tisch, die Nois bei seinem Besuch auf Grohuk uns zur Weiterbeförderung für Sven übergeben hat.

Wir verrammeln die Tür und treten schweren Herzens, weil wir wieder keine Jagd haben sollen, den Rückweg an. Es ist Nacht und furchtbar kalt. Der Himmel ist schon fast ganz überdeckt, im Norden steht die Sonne rot und niedrig zwischen wallenden Nebelfetzen. Ihre Strahlen breiten ein fahles Licht über die in der milchigen Schneeluft verschwimmenden Hügel des Rensdyrlandes. Im Norden rauscht und braust es jetzt über den offenen Wasserstellen im Meereis. Wir schreiten etwas rascher aus, wir wollen nicht von Nebel und Schnee auf dem Meereis überrascht werden, denn wir haben keinen Kompaß mit.

Es mag ungefähr Mitternacht sein, als wir das Meereis wieder betreten. Grau ist es und bedeckt von einem eisigen, feuchten Dunst. Wir gehen unserer alten Skispur nach, die uns führen soll, während die Luft immer dicker zu werden beginnt. Die Sonne im Norden wird kupferrot, und ihre eigenartige Atmosphäre, die nur im Norden und im Eismeer vorkommt, umgibt uns — dieses Unbestimmbare von Tag und Nacht, Licht und Dunkel, dieses Ausgelöschtsein von allen Farben und Formen.

Ich muß meine ganze Energie zusammennehmen, um gleichmäßig rasch auszuschreiten. Meine Füße schmerzen vor Kälte. Meine Lederschuhe sind bei dem Aufenthalt in der Hütte nur aufgetaut, aber nicht getrocknet, und nun sind sie steinhart gefroren. Immer wieder springt der linke Schuh aus der Bindung, und ich muß mich hundertmal bücken, um ihn wieder festzuschnallen. Obwohl ich so viel getrunken habe in Svens Hütte, stellt sich doch wieder der quälende Durst ein.

„Keinen Schnee essen!" ruft mir mein Mann zu. „Da wirst du nur müde und noch durstiger, du mußt dich beherrschen!"

Der Himmel verdunkelt sich immer mehr, ein grauer Nebel hüllt uns ein, und leichter Schneestaub fällt nieder. Wenn jetzt noch Wind kommt und unsere Skispur verweht, dann sind wir verloren auf dem Eis. Meine Füße sind gefühllos, und zum erstenmal fühle ich so richtig die Erbarmungslosigkeit der arktischen Welt.

Ich begreife jetzt die Geduld und die Vorsicht der Jäger, ihr Horchen in die Natur, ihr bedingungsloses Sich-Einfügen in ihre Gesetze. Nur dadurch ist es möglich, daß sie ihr Leben in aller Einsamkeit durch alle Gefahren des Landes zu erhalten vermögen.

Mein Mann geht vor mir her und redet nichts. Ich weiß, daß er allein in scharfem Tempo gehen würde, um Nebel und Schnee auf dem Eis zu entgehen. Vom Festland ist im Umkreis schon längst nichts mehr zu sehen. Die schwere, feuchte Luft erschwert das Atmen und macht die Glieder bleischwer. Den Bärenspuren nach zu schließen, sind wir ungefähr auf der Mitte des Fjordes. Es scheinen keine neuen dazugekommen zu sein, und die alten sind fast verschneit. Alles übrige versinkt vor meiner Müdigkeit und Apathie. Der Durst ist kaum mehr bezähmbar.

Ich muß mich nur wundern über meinen Mann, der keinen Durst hat, rüstig ausschreitet, sich ab und zu umdreht und mir geduldig zulächelt. Für ihn ist diese Tour nichts weniger als anstrengend.

Ich weiß nicht, wieviel Stunden wir gegangen sind. Da lichten sich langsam die Nebel, und es treten aus den dichten Schleiern die spitzen Berge der Bockbai und Kap Roos im Süden des Fjords, im herrlichen Licht der rot strahlenden Morgensonne. Die ganze Bergkette im Umkreis wird sichtbar und erstrahlt in einem intensiven rosa Glühen. Darüber wölbt sich der blaue Himmel. Wir sind in der Grohuker Schönwetterzone angelangt, der sieghaften, klaren Eisatmosphäre, etwas mehr ab vom Ozean. Die altbekannten Rillenberge rücken näher und werden mächtig. Am flachen Vorland liegt als winziger schwarzer Punkt unsere kleine, geliebte Hütte. Noch scheinen wir eine Ewigkeit entfernt zu sein, da entdecken wir etwas Auffallendes.

Neben unserer Skispur von heute früh geht eine ganz frische Bärenspur hüttenwärts. Ein aus dem Fjordinnern zurückgekehrter Bär scheint sich für unsere Skispur interessiert zu haben. Man sieht, wie er im Danebenhertrotten gedankenvoll mit der Vorderpfote über die Spur hin und her gewischt hat.

„Der Bär wird bei unserer Hütte sein!" ruft mir mein Mann mit leuchtenden Augen zu und kommt unwillkürlich in rascheres Laufen. Ich bin zu müde, um mich zu freuen oder zu ängstigen, ich denke nur daran, daß dieser Bär mein Zubettgehen verzögern könnte.

Es dauert aber nicht lange, da winkt mein Mann traurig ab. Der Bär hat das Grohuker Land gar nicht erklommen, sondern ist knapp unter unserer Hütte abgeschwenkt. Das schwarze Haus schien ihm doch irgendwie nicht ganz geheuer.

Mein Mann eilt voraus zur Hütte. Ich sehe aus dem Schornstein Rauch aufsteigen. Endlich habe ich sie erreicht, aber sie ist eiskalt. Ich ziehe meine Schuhe aus. Beide Füße sind abgestorben und schneeweiß. Ich sitze auf der Koje und heule vor Schmerzen und schimpfe. Mein Mann schimpft auch, und gleichzeitig schürt er Feuer und mahlt den Kaffee und massiert meine Füße. Er schimpft über die Weiber in der Arktis, ihren Leichtsinn und Eigensinn, der hier bei ihrer Unerfahrenheit so gar nicht am Platze sei.

Die Hütte wird warm, meine Füße lebendig, das Kaffeewasser brodelt, und der Brotteig erwacht und fängt an, in altgewohnter Weise gemütlich zu duften. Wir sitzen beim Frühstück und freuen uns über unser Daheim. Zwanzig Stunden sind wir fort gewesen. Nun wissen wir doch auch, wo die Bären sind, und Sven hat seine Post. Die Sonne scheint durch die Fenster, Grohuk mit seinen blauen Himmeln hat uns wieder in seinem Bann. Vergessen sind Sturmwolken und offenes Meer und alle beseligenden Europagefühle.

Auf dem Fjord aber und im Nordwesten liegt ein dunkler, brauender Nebel. „Bei Sven drüben stürmt es", sagt mein Mann, „gut, daß wir fort sind, denn so was kann viele Tage dauern."

Kampf um Vitamine

Es ist schwer zu sagen, wie es Menschen zumute ist, die nach medizinischen Begriffen schon längst an Skorbut gestorben sein sollten, aber immer noch ganz heiter leben in einer herrlichen Welt von glitzernder Weiße, voll Sonne, Sonne, Tag und Nacht Sonne. Was es im Winter finster war, das ist es jetzt hell, denn einer wunderbaren Gesetzmäßigkeit zufolge ist ja jedem Fleckchen auf der Erdkugel eine genau gleich lange Zeitspanne scheinende Sonne zugedacht. Land und Meer sind immer noch bis in die unübersehbarsten Fernen vereist. Wir haben immer noch Temperaturen von zwanzig bis dreißig Grad unter Null, und kein Lebewesen zeigt sich. Aber in all der Helle und Pracht kann der Gedanke unser Gemüt kaum verdüstern, daß wir nun acht Monate ohne frisches Fleisch sind, alle unsere anderen vitaminhaltigen Nahrungsmittel wie Butter und Honig längst verzehrt sind und die Kondensmilch älter ist als ein Jahr.

Sven Ohlsen scheint drüben auch keine Jagd zu haben, denn er erscheint nicht bei uns. Schade! Wir würden uns über seinen Besuch gefreut haben, auch wenn er ohne das Mitbringsel von frischem Fleisch zu uns herüberkäme.

Mitte Mai. Noch immer kein Lebewesen gesehen bis auf eine weiße Möwe, die eines Morgens in der Nähe der Hütte unter einem weißen Nebelbogen geflogen kam. Diese Erscheinung — der Nebelbogen, etwas kleiner als der Regenbogen unserer Zonen, näher sichtbar und schneeweiß — und die von der Sonne grell beleuchtete weiße Möwe waren derartig schön, daß keiner von uns an Schießen dachte.

Übrigens hat mein Mann eine neue Theorie aufgestellt: man braucht gar keine Vitamine. Lebensmut und Humor seien die besten Vitamine.

Ende Mai. Und heute hat sich der erste Seehund auf dem Eise gezeigt. Ich hatte ihn früh vom Hüttendach aus entdeckt. Wir meinten erst, es sei der Schatten eines Packeisstückes, aber durch das Glas sahen wir, daß sich der schwarze Punkt, der weit draußen auf dem Meereis lag, ab und zu bewegte.

Dieser winzige schwarze Punkt auf dem Eis machte uns ganz aufgeregt und glückselig. Gleich nach dem Frühstück zogen wir mit dem Gewehr auf den schwarzen Punkt auf dem Eis los.

Es war ja vorauszusehen, daß der Punkt den Blicken entschwunden sein mußte in dem Moment, wo wir das Meereis betraten. Mein Mann ging aber mit der größten Sicherheit im Zickzack durch das Eisgewirr, so daß ich vertrauensvoll folgte. Er belehrte mich, daß die Seehunde auf dem Eis sehr wachsam seien, alle paar Sekunden Ausschau halten nach Bären, ihrem größten Feind. Man müsse sich gegen den Wind an die Seehunde anschleichen, sie hätten eine feine Witterung und ein feines Gehör.

Nach einer Stunde — ich hatte im stillen längst die Hoffnung aufgegeben, jemals zu dem Platz hinzufinden — sagte mein Mann, nun sei der Moment gekommen, wo man auf dem Bauch kriechen müsse, und wenn der Seehund den Kopf hebe, was er ungefähr alle zwanzig Sekunden tue, dann müsse man reglos liegenbleiben, so, als sei man selbst ein Seehund.

Wir krochen also im Schnee, das Gesicht voll Schnee und sonst klatschnaß, das Gewehr aber durfte nicht naß werden. Ich konnte nicht umhin, auch ab und zu den Kopf zu wenden, um einen eventuellen Bären die Illusion zu nehmen, daß wir auch Seehunde seien.

Bald wurden wir des Seehundes ansichtig. Er lag friedlich in der Sonne. Präzis genau alle zwanzig Sekunden hob er den Kopf und sah um sich. Wir krochen weiter. Ich spürte zum erstenmal in meinem Leben Jagdfieber.

Hatte der Seehund von uns Witterung bekommen, hatte er etwas gehört? Kurz, ohne sich umzusehen, hoppelte er plötzlich zu seinem Atemloch — und schlups, war er darin verschwunden.

Verdrießlich gingen wir nach Hause, und als wir bei unserer Hütte an das Ufer stiegen, lag der Seehund schon wieder friedlich auf seinem alten Platz.

Am nächsten Tag versuchen wir nochmals unser Glück, denn der Seehund liegt wieder an derselben Stelle. Die ausgefahrene Skispur nützt uns nichts; es geht ein leichter Wind, und wir müssen einen großen Umweg machen, um uns unbemerkt anzuschleichen. Wir kommen auch glücklich in Schußweite. Der Schuß kracht, und der Seehund verschwindet abermals in seinem Atemloch. Die Kugel ist an einem Eisstück abgeprallt, weil der Seehund etwas tief in der Mulde lag.

Am nächsten Vormittag erscheint er nicht. Es sind minus 25 Grad und windig, da legt sich kein Seehund aufs Eis.

Wir gehen täglich die Bärenselbstschüsse kontrollieren. Ganz in der Nähe des Oddens, auf dem Meereis, sehen wir eine schwarze Wasserstelle. In der Hoffnung, dort Vögel anzutreffen, gehen wir hinüber. Als wir zu der Stelle kommen, war das wohl einmal eine Spalte im Eis gewesen, aber das Wasser war von einer festen Schicht durchsichtigen Eises bedeckt. Keine Spur eines Lebewesens ist dort zu sehen.

Aber auf dem Rückweg nach Hause hören wir an Land in einer Schneemulde deutlich glucksendes Wasser, Geschnatter und Geplansch wie von Wasservögeln und dazwischen ein ganz merkwürdiges „A—hua". Das alles ist so deutlich zu hören, als stünden wir selbst in einer Wasserlache, umgeben von Vögeln. Zu sehen ist aber nur vereistes Land und Meer und keine offenen Wasserstellen.

„Schallreflexionen", sagt mein Mann. Die Waake*) kann weit draußen sein auf dem Meereis. Das „A—hua" ist der Ruf des Eidermännchens, das im Frühjahr zur Paarungszeit aus südlicheren Gegenden heraufkommt. Es scheinen schon viele Vögel dazusein, nur wissen wir es nicht, weil vermutlich alle offenen Wasserstellen weit draußen auf dem Meer sind.

---

*) *Waake* = offene Wasserstelle im Eis.

Nur schwer trennen wir uns von der Schneemulde, in der uns Fleischhungrige das Gegacker und Geplansch der Wasservögel narrt.

Einige Zeit später entdecken wir im Norden auf dem Meereis riesige schwarze Tiere. „Es sind Storkobben", sagt mein Mann, „aber die kriegt man nicht, denn sie liegen meist auf rissigem Eis in der Nähe von Stromlöchern."

Durchs Glas beobachten wir die großen Tiere, die träge in der Sonne liegen und sich kaum rühren. Der Gedanke aber läßt uns nicht los, daß wir heute mit einem Schuß da draußen fünfhundert Kilogramm Fleisch kriegen könnten. Wir wollen auf alle Fälle unser Glück versuchen.

Beim Odden steigen wir auf das Meereis und gehen auf die Tiere los. Sie nehmen gar keine Notiz von uns, sie scheinen sich sehr sicher zu fühlen. Auf ungefähr dreihundert Schritt gibt mein Mann einen Schuß ab, eine von den Storkobben ist getroffen, die anderen lassen sich träge ins Wasser gleiten. In blinder Begeisterung laufen wir drauflos.

Vor uns liegt der riesige Haufen Fleisch, der unser ist. Da — plötzlich gibt es einen dumpfen Ruck auf dem Eis, und im Umkreis von ungefähr zehn Meter um uns herum bekommt der Schnee Risse und sinkt merklich ein. Aber das Eis trägt noch, und wir laufen weiter. Wieder erklingt der dumpfe Ruck in unserem Umkreis. Wir wollen jedoch das Äußerste wagen, die Storkobbe liegt in ungefähr hundert Meter Entfernung vor uns. Wieder der scheußliche Ruck, das Eis unter unseren Füßen beginnt zu schwanken, es färbt sich blaugrau, und wir sinken bis zu den Knien in den Eisschlamm.

Nun machen wir aber doch kehrt und müssen die Skier abnehmen. Es ist gar nicht so leicht, das Fortbewegen auf dem schlammigen Eis, bald mit, bald ohne Skier an den Füßen. Wir sind froh, als wir wieder auf festem Eis stehen und glücklich ans Ufer steigen. Unerreichbar liegt für uns der Berg frisches Fleisch draußen. Hätten wir ein leichtes

Boot, so könnten wir eventuell die Partie wagen, sonst gibt es für uns keine Aussicht, hinauszugelangen.

Am nächsten Tage bildet sich da draußen, wo die Storkobben gelegen haben, eine Waake. Viele Vögel kreisen dort. Der Anblick muß uns genügen wir können dort nicht hingelangen. Durch das offene Wasser in unserer Nähe wachsen wieder die Aussichten auf Bären.

„Nun, wo die Strömung schon stellenweise das Eis aufzubrechen vermag, besteht keine Möglichkeit mehr, daß Sven zu uns kommt", sagt mein Mann. Sehr viel später haben wir erfahren, daß Sven Anfang Mai einen Bären geschossen hatte und daß sich der alte treue Jäger darauf mit einem Schinken auf den Weg zu uns machte. Leider stürzte er unterwegs mit dem Hundegespann und verlor dabei die Schneebrille im Schnee. Vollkommen schneeblind mußte er bald darauf die Reise unterbrechen und sich von seinen Hunden nach Biskayershuk zurückführen lassen.

Das Wetter schlägt um. Es wird bitter kalt und stürmt viele Tage lang. Wir sind an die Hütte gefesselt. Als der Sturm vorüber ist, muß ich diesmal allein die Tür ausschaufeln; mein Mann, der sich das Bein verstaucht hat, liegt.

So gehe ich nun tagtäglich allein die Bärenfallen kontrollieren. Außer dem Kugelgewehr, das mir das Gefühl der Sicherheit geben soll, nehme ich den Feldstecher mit, mit dessen Hilfe ich von weitem die Fallen prüfen will. Doch die Fallen sind derartig verweht, daß man nur ganz in der Nähe erkennen kann, ob ein Bär darinnen liegt. Ich bin immer wieder froh, wenn ich von den Touren zurück bin, ganz besonders wo der Weg der Küste entlang zwischen den aufgetürmten Schollen unübersichtlich ist und manche der Schollen, die wohl beim Herantreiben Schichten von Meersand aufgewühlt haben, genau die Farbe von Bären haben.

Seit einigen Tagen fliegen Sturmvögel entlang der Küste — auf der Suche nach Brutplätzen. Als mein Mann das erstemal wieder ins Freie gehen kann, schießt er eine Möwe im Flug.

Wie die Hyänen stürzen wir uns auf den Vogel, rupfen ihn zu zweit und stellen ihn zum Kochen. Immer wieder heben wir den Deckel und genießen den Fleischgeruch mit Gier, und bevor der Vogel gargekocht ist, haben wir die kräftige Brühe schon ausgetrunken, die dunkelgrün ist vom tranigen Speck.

Auch am nächsten Tag kommen die Möwen in Scharen, sie fliegen so niedrig, daß mein Mann sechzehn im Fluge trifft.

Es ist fast Ironie des Schicksals, daß am selben Abend der erste Bär draußen auf dem Odden vor einem Selbstschuß liegt. Mein Mann war trotz rasendem Sturm hinausgegangen, um die Fallen zu kontrollieren. Er kam zurück mit der freudigen Nachricht. Mit Messer und Schlitten ziehen wir hinaus durch den wirbelnden Sturm.

Da liegt das mächtige Tier vor der Falle, mit einer kleinen Schußwunde in der Stirn. Mit Aufwand aller Kräfte nur können wir es zu zweit umdrehen, um es abzuhäuten. Bei dem Sturm ist es eine eisige Arbeit. Und kaum haben wir unseren Handschlitten mit dem Fell beladen, da umkreisen auch schon kreischend die Möwen den Kadaver.

Nun sind wir fortan aller Nahrungssorgen enthoben und fangen an, das Leben zu genießen. Unser Lieblingsweg ist hinaus zum Odden, über den die Flugbahn der meisten Möwen führt.

Hier ist der Platz mit der herrlichen Sicht, hier, wo auf der weit ins Meer hinausragenden Landzunge auch Mattilas, der berühmte Eismeerschiffer, seine letzte Ruhestätte hat, nachdem er sein vom pressenden Eis gefährdetes Schiff nicht mit der Mannschaft verlassen wollte und im Meer vor Grohuk den Tod fand. Ein kleines, schwarzes Holzkreuz ragt einsam aus dem Schnee.

Graue Sturmvögel und Elfenbeinmöwen fliegen über uns hinweg und über den Möwen die zurückkehrenden Alkekongen. Man wird erst durch ihr Geschrei auf sie aufmerksam, und wenn man lange sucht, gewahrt man in der Tiefe des tiefblauen Himmels die fliegenden Scharen wie kleine Wolken winziger, heller Milchstraßensterne. In solcher Höhe suchen die Vögel das Eismeer nach offenen Wasserstellen ab, wo sie ihre Nahrung finden. Immer neue Scharen kommen von Süden und fliegen nach Norden.

Um uns das starre Meer, über uns der tiefe Himmel, voll des Lebens der zurückkehrenden Vögel. Das Bewußtsein von Weite und unversiegbarem, ewigem Leben erfüllt uns.

Frühling im Eis

Wir sitzen auf dem schwarzen Dach unserer Hütte, das nun langsam aus dem Schnee zu steigen beginnt. Mehr oder weniger bekleidet, genießen wir die warme Sonne und wähnen das Paradies auf Erden. Um uns jubiliert der arktische Frühling in heroischer Pracht und Reinheit und einer mit nichts zu vergleichenden Schönheit.

Schon frühmorgens weckt uns das schmetternde Lied der kleinen Schneeammer, des einzigen Singvogels Spitzbergens. Ausgerechnet unseren Schornstein hat er sich ausgesucht als erhöhten Platz zum Singen.

Wenn wir aus dem Schneeloch kriechen, ist der kleine Gast verschwunden. Auf dem Eis liegen noch die hohen, rosa schimmernden Nebel, darauf in strahlender Weiße die hohen Nebelbogen stehen, die die grelle Sonne wirft. Und wenn sich die Nebel lichten, tauchen wie weiße Schemen die Packeisstücke hervor, bis sie immer deutlicher in ihren weißen, reinen Spiegelfarben erscheinen und schließlich das Eismeer vollendet klar in seiner ganzen unabsehbaren, sonnengleißenden Weiße vor uns liegt.

Möwen in ihrem schneeweißen Gefieder kreisen wie Adler über dem Eis. In herrlicher Bewegung ihrer weiten Schwingen lassen sie sich mit langsamem Falten der Flügel auf die glitzernden Spitzen des ragenden Eises nieder. Weiße Möwen in immer neuen Scharen kommen an unserer Küste vorbei. Weiß in sonnenglitzernder Weiße offenbart sich hier alle Form und alles Leben.

Wir Menschen sind hier auffallende Wesen. Alle die Möwen umkreisen erst neugierig uns und die Hütte, einmal, zweimal; manchmal kehren sie auch im Weiterfliegen um, um uns nochmals zu umkreisen. Die Luft ist so still, daß man das leise Singen und Sausen der Flügel hört.

Seehunde liegen zu Tausenden auf dem Eis. Bis in die weitesten Weiten ist das Meer übersät mit schwarzen Punkten. Die Seehunde genießen die herrliche Sonne nach der langen, dunklen Zeit, die sie unter der schweren Eisdecke verbringen mußten.

Schon lange jagen wir nicht mehr in Hüttennähe. Wir sind ja auch versorgt mit Fleisch. Ein abgehäuteter Seehund baumelt an dem Eispickel, der auf dem Hüttendach liegt und mit dem kreisenden kurzen Schatten der Hütte mit um die Hütte herumwandern muß.

Die Tiere sind furchtlos, und so ist rings um uns friedliches Frühlingsgetriebe. In nächster Nähe haben wir die Tiere in ihrer für uns Menschen rührenden, oft auch amüsanten Art.

Ein verliebtes Seeschwalbenpärchen hat Besitz ergriffen vom gestrandeten Eisberg vor unserer Küste. Der Eisberg ist nur mehr spitzes, blankes Eis, an dem die Eiszapfen hängen. Um den Eisberg sind Mulden gefüllt mit hellgrünem Meerwasser, in dem kleine, rote Meertierchen schwimmen. Die Seeschwalben sind die graziösesten und feinstgezeichneten Luftakrobaten der Arktis.

Das Seeschwalbenweibchen denkt nicht mehr daran, sich selbst zu ernähren. Sie sitzt auf der höchsten Zacke des Eisbergs und piepst kokett und äugt ins Wasser. Der Seeschwalberich aber strapaziert sich ab in den Lüften. Er rüttelt, das heißt, er flattert an einer Stelle in der Luft, bis er in dem smaragdgrünen Tümpel ein sonnenglitzerndes Meertierchen entdeckt hat, und dann schießt er wie ein Pfeil ins Wasser, taucht und flattert zu dem Weibchen, dem er im Fluge den Bissen überreicht. Das Weibchen scheint unersättlich. Dreimal am Tage will es gefüttert sein.

Wehe, wenn ein zweites Pärchen sich an dem nahrhaften Tümpel beteiligen will. Da fängt ein großes Gezeter der Eisbergbesitzer an:

Geht weg! Geht weg! Da sitzen wir!
Da sitzi, sitzi, sitzi wir! . . . Wir, wiir, wiiiiiirrr!!

Das Geschrei dauert so lange, bis das zugereiste Schwalbenpärchen resigniert weiterfliegt. Am Abend sitzen ganze Kolonnen von Weibchen an den größeren Tümpeln im Eis, alle dem Wasser zugekehrt, ihre langen zarten Schwalbenschwänze wie Schleppen hinter sich gebreitet. Alle Männchen flirren und flattern in den Lüften und turnen und tauchen. Merkwürdigerweise konnten wir niemals beobachten, daß die Männchen bei dieser Gelegenheit die Weibchen fütterten, das Ganze schien viel eher eine Galavorstellung der Schwalberiche für ihre Schönen zu sein.

Eine besondere Schönheit ist unsere Klara, ein Eismeerschneehuhn, das uns täglich mehrere Besuche abstattet. Klara erschien bis jetzt jeden Morgen pünktlich, während wir beim Frühstück saßen. Wir hörten sie schon durch die offene Tür, wenn sie in immer tieferen Kreisflügen mit rauschenden Flügelschlägen die Hütte umflog und langsam auf den Schnee niederkam. Da saß sie dann in der Nähe der Tür und wartete. Sie bekam natürlich tagtäglich ihre Leckerbissen. Seit ein paar Tagen bringt sie ihren Bräutigam mit, der genau so schön ist wie sie: schlohweißes Gefieder, schwarze Beine und grünlichgelben Schnabel.

Sie kommen hoch in den Lüften daher, kosend und schnäbelnd, ein Bild der vollendeten Harmonie. Die Situation ändert sich aber sofort, wenn Klara etwas Freßbares vor der Hütte entdeckt. Sie kommt schnurstracks herab und hackt riesige Happen aus dem Speck. In respektvoller Entfernung sitzt der Bräutigam. Er darf sich keinen Hupfer nähern, „Griiiiiih" schreit dann Klara mit vorgerecktem Hals und bösen Augen. Erst wenn Klara der Kropf schief weghängt und sie vor Vollgefressenheit ängstlich nach Luft japst, wagt der Bräutigam sich an den Speck. Nun hackt er seinerseits gierig in den

Speck und verschlingt unheimlich große Brocken. Dann japsen sie beide mit offenen Schnäbeln nach Luft. Aber plötzlich heben sich beide wie auf Verabredung in die Lüfte und fliegen leichtbeschwingt davon.

Selbst der Tyviu, der satanische Vogel, ist milde und verliebt gestimmt. Es kommt zwar auch jetzt oft genug vor, daß diese schwarze Raubmöwe mit der langen Schwanzfeder schreiend einsam fliegende Möwen verfolgt und ihnen Bissen abzujagen versucht. Aber den Großteil des Tages sitzt der Tyviu doch verträumt im Schnee mit seiner schwarzen, ebenso räuberisch veranlagten Braut.

Manchmal schleichen wir hinaus aufs Eis, wenn sich draußen Waaken bilden. Da sitzen in der Sonne rund um den Spalt offenen Meerwassers, der im Schnee wie ein kleiner Teich wirkt, die Eiderenten. Immer ein schwarzes Eiderweibchen und eins von den schönen weißschwarz gezeichneten Männchen, die nur im Frühjahr in den hohen Norden kommen. Die Vögel warten auf aperes Land, um zu brüten. Sie warten in Schönheit und Geduld. Es ist ein Bild des vollendeten Friedens.

Der Schnee auf dem Fjordeis ist nun voll frischer Tatzenspuren, denn für die Bären ist jetzt der Tisch gedeckt. Aber trotz der Gefahr schlafen die Seehunde friedlich in der Sonne. Oft liegen sie zu zehn und zwanzig, und nur einer von der Gesellschaft hält Wache. Der Bär schlägt nicht mehr, als er verzehren kann. Von hundert Seehunden trifft einen das Schicksal. Mein Mann hat Bären beobachtet, die, sattgefressen, zwischen den schlafenden Seehunden dahintrotteten, ohne links oder rechts zu schauen.

Manchmal überraschen wir auf unseren Wanderungen schlafende Seehunde. Wenn sie unser ansichtig werden, schrecken sie auf und wälzen sich einer über den anderen, denn jeder will als erster im Schneeloch verschwinden. Da ist ein Seehund, der hat ganz die Bären vergessen, die Liebe und sich und die übrige Welt, und das ist unser treuer „Hausseehund“. Er taucht tagtäglich tiefschwarz aus einer schmalen Spalte, die sich vor kurzem vor unserer Hütte auf dem Meereis gebildet hat, herauf aufs Eis. Da liegt er nun viele Stunden des Tages und läßt uns nicht aus den Augen. Nur wenn wir uns von der Hütte entfernen, döst er teilnahmlos in der Sonne. Er kommt jeden Morgen quietschvergnügt aus dem Wasser. Immer wieder ist es dasselbe Manöver. Er schiebt sich auf das Eis, rutscht ein paar Meter weit und verschwindet dann wieder in der Spalte. Dann kommt er wieder. Er macht ein paar mutwillige, förmlich vor Lebenslust jauchzende Turnbewegungen auf dem Eise, und schlups, ist er wieder weg. Dann vergehen ungefähr zehn Minuten, bis er wiederkommt, um sich schaut, sich wohlig reckt und sich dann so aufs Eis legt, wie er uns am besten beobachten kann. In der Sonne wird der Seehund immer blonder. Ab und zu

verändert er etwas die Lage und schaut weiter zu uns herüber. Er hört es gern, wenn man ihm ein Lied vorpfeift. Es interessiert ihn alles, nur die Arme darf man nicht heben. Das scheint ihn irgendwie an Bären zu erinnern. Dann verschwindet er sofort in seinem Eisloch. Oft liegt er die ganze Nacht über auf dem Eis und starrt neugierig auf unsere Hüttentür.

Der kleine Spalt auf dem Eis erweist sich als ein großer Sprung, der sich im Halbkreis um unsere kleine Halbinsel zieht. Ab und zu sieht man einen schwarzen Seehundkopf darin entlangschwimmen. Seit gestern promenieren schwimmend die verliebten Eiderenten der

Umgebung darin. In Gänsemarschformierung schwimmen sie darin, immer ein schwarzes Weibchen und ein schwarzweiß gezeichnetes Männchen. Die Männchen scheinen in der Überzahl zu sein, denn oft sieht man zwei weiße Herren um eine schwarze Dame bemüht, und herzzerreißende Szenen verschmähter Liebe spielen sich ab. Aber die schwarzen Damen sind sehr vernünftig. Weit und breit noch immer kein offenes Land, weit und breit immer noch kein verläßlich offen bleibendes Wasser für die Jungen, die, sobald sie aus dem Ei geschlüpft sind, ins Meer getrieben werden. Die schwarzen Damen sitzen auf dem Eis, die weißen Herren daneben. „A—hua!" sagt ab und zu einer der weißen Herren und verrenkt sich dabei fast den Hals. „Huhu!" sagen die schwarzen Damen ruhig und schauen aufs Wasser.

Es ist nun die einzige Waake der ganzen sichtbaren Umgebung bei uns dicht vor der Hütte. Die Tiere kommen von nah und fern, das Maß unseres Glückes ist voll. Schnarrend kommen ganze Züge von Eiderenten dahergeflogen, Alke und kleine Teiste, die wie kleine Schiffchen im Wasser auf und nieder wippen und sich rasend geschwind um ihre eigene Achse drehen. Ein schwarzes, stolzes Lummenpaar wirkt wie kohlschwarze Schwäne mit langen Hälsen, die unserer Waake nur kurze Besuche abstatten. Sie tauchen und kommen schwarz und glatt wieder an die Oberfläche, auf der sie gemächlich weiterschwimmen. Seehunde schwimmen mit offensichtlicher Lust in dem Eiswasser. Sie schwimmen zwischen allen Vögeln hindurch, die sich davon nicht schrecken lassen. Auffallend ist es, daß in dieser Waake vor Grohuk von jeder Gattung mindestens ein Pärchen vorhanden ist. Die Anordnung ist fast wie die in der Arche Noah. Eine tiefe Gesetzmäßigkeit verteilt die Arten über die Welt. Das Heimatgefühl scheint für Mensch und Tier gleich stark zu sein. Jedes Lebewesen zieht es auf das Fleckchen Erde, darauf es geboren wurde. Die Jäger haben beobachtet, daß im Frühjahr die gleichen Vögel an die gleichen Plätze zurückkehren, auch wenn stellenweise die Brutverhältnisse noch so ungünstig sind. Eine wahrscheinlich einmal verwundete einbeinige Möwe wird jedes Jahr wieder auf Grohuk gesichtet.

Manchmal steigen wir auf die Berge. Nicht um Ausschau zu halten über das Eis. Nicht auf Schiffe warten wir. Nein, wir sind so wie alle Spitzbergener, die sich fürchten vor dem ersten Frühjahrsschiff. Nur nichts soll kommen, unseren Frieden zu stören!

Auf den Vorbergen angelangt, schnallen wir unsere Skier ab und legen uns auf das Moos, das jetzt überall auf den Südhängen herauskommt. Kleine Mohnblumen und Hahnenfuß, die schon blühend unter dem Schnee hervorkommen, stehen im Moos. Ein Vogelberg liegt vor unseren Augen. Sein felsiges Gestein ist von so steiler und senkrecht schroffer Struktur, daß kein Fuchs ihn erklimmen könnte. In jeder einzelnen Felsnische und jedem Kämmerchen des Berges brütet ein Vogelweibchen. Möwen haben das unterste Stockwerk gemietet, weiter oben nisten die kleinen Alke. Auf der obersten Felsspitze sitzt dominierend, stolz und reglos wie eine Figur aus Porzellan, die Bürgermeistermöwe. Kein Gepiepse, kein Möwenschrei ist zu hören. Leise, mit behutsamen Flügelschlägen fliegen die Vogelmännchen vom und zum Meer, um die Weibchen zu füttern. Tiefe Ruhe, eine fast fühlbare Weihe liegt um den Berg. Die Vogelpärchen erwarten voll Sorgfalt und Liebe das werdende neue Leben.

Einige schneeweiße Möwen kreisen über uns im tiefblauen Himmel. Ihre Flügelränder glänzen im Gegenlicht der Sonne. Überall herrscht der tiefe Friede der Wildnis. Das unabsehbare Packeis trennt uns von der Welt.

Einmal, Ende Juni, bemerken wir zwischen dem Schollengewirr im Norden eine schwarze Mastspitze. So sehr wir uns eingebildet hatten, Menschen und Schiffe wären uns gleichgültig, so erstaunlich selig erfreut sind wir beim Anblick der sich nähernden Schiffsmasten. Ein Schuß fällt. Unsere Freude verwandelt sich in wilde Wut: sie schießen in unserer friedlichen Welt! Aber dann kommt das Schiff langsam näher, zwängt sich vorwärts, in einer schmalen Rinne, zu unserer Küste. Der Besuch gilt uns. Wir laufen hinaus zum Odden. Ein Boot kommt bis an den Rand des Eises. Drei Männer stapfen über das Eis an den Odden. Ohne Skier, sinken sie bis zu den Knien ein im Eisschlamm.

Der Kapitän des norwegischen Eismeerfahrzeuges, Jens Ohlsen, einer jener Eismeerschiffer, die durch ihre Erfahrungen wertvolle Beiträge zur Kenntnis des Landes lieferten, kommt uns besuchen, fragt nach unserem Ergehen und ob er uns seine Hilfe anbieten könne, falls wir irgend etwas brauchen.

„Nein, wir brauchen nichts, wir haben alles, was wir brauchen. Wir wollen auch noch nicht fort von hier. Nur der Kaffeevorrat ist uns ausgegangen."

Wir werden an Bord des Schiffes bewirtet. Wir kriegen ein ganzes Kilo Kaffee und vier Büchsen Kondensmilch geschenkt und eine vier Wochen alte Zeitung. Dann kehren wir beglückt zurück in unsere Wildnis.

„Vesteris" verläßt schleunigst unsere Küste, denn die schmale Rinne im Eis, durch die das Schiff zu uns gelangt war, beginnt sich zu schließen. Am nächsten Tag ist die Rinne verschwunden, und das Eis liegt dichter denn je.

Aber die Küsten Bangen- und Verlegenhuk ragen in ein Stück offenes Wasser, und an besonders klaren Tagen sieht man das Nordostland wie ein weißes Märchenland in der Bläue liegen. Eine unbändige Sehnsucht nach der Ferne packt uns. Nur immer weiter und weiter zu arktischen Ländern und Inseln im Eis, zu eingeeister Erde, die noch daliegt, wie sie Gott erschaffen hat. Vergessen ist Europa und alles, was uns bindet. Es ist eine nie gekannte, unbändige Sehnsucht, die stärker ist als alle Vernunft und alles Erinnern.

Das Eis, das bis jetzt schneeweiß vor unserer Küste lag, bekommt nun blaue, wässerige Stellen, die sich mehr vergrößern. Seehundköpfe tauchen auf und unter, wo sonst das Eis geschlossen lag. Die Spalte im Eis um unsere Halbinsel verbreitert sich zusehends mit dem Wind, bis sie breit ist wie ein Strom und eines Tages langsam die ganze Eisromantik nach Westen davonschwimmt. An einem einzigen Tag, mit Sturm aus Süden, treibt das ganze Eis aus dem Fjord. Im Schnellzugstempo rasen die Schollen an unserer Küste vorbei. Die Brandung zerschlägt sich prasselnd an den Trümmern des Eises. Dann ist der Fjord blau von glitzerndem Wasser. Draußen auf dem Meer liegt aber noch das Eis.

Überall vom Strand gehen die schwarzen Eiderweibchen ins Wasser, mit Scharen von Jungen um sich, und alle die vielen kinderlosen Mütter, die in diesem schweren Eisjahr nicht brüten konnten, schwimmen hinter den Kindern drein.

Drunten am Strand, zwischen einigen Schollen, guckt einer zu uns herüber mit gerecktem Hals. Unser Hausseehund ist nicht fortgezogen mit dem Eis, er ist hiergeblieben und beobachtet uns weiter.

Und wir schieben unsere Boote ins Wasser und rudern zu den kleinen Holmen und sammeln die verlassenen Eiderentennester, die nur aus den kostbarsten Daunen bestehen. Wir rudern stundenlang, ohne zu ermüden, auf dem klaren, stillen Fjordwasser, in dem sich die Tiefe des Himmels spiegelt, auf dem langsam mit dem Gezeitenstrom noch vereinzelte Packeisstücke schwimmen. Das tauende Wasser vermochte sie in märchenhafte Formen zu wandeln. Manche Eisstücke sehen aus wie Schwäne, die ihre Flügel weit ausbreiten. Andere sehen aus wie kostbare Blumen. Wieder andere tragen noch den Schnee des Winters mit seinen rosalila Schatten. Manche, die sich im Wasser gedreht haben, leuchten wie gläserne, smaragdgrüne

Pilze. Die Eisfelder des Meeres treiben zurück in die Fjorde, während das Land bar aller Schneehüllen daliegt — das herausgetaute, bröckelnde, schwarze Spitzbergen. Große Seen von Schmelzwasser stehen auf dem Vorland, und starke Bäche rauschen an der Hütte vorbei, hinunter zum Meer.

Der Juli vergeht, es kommt der August. Längst sind die Eidermännchen nach Süden gezogen, und immer noch ist unsere Küste von Eis blockiert. Die Luft wird kalt, unsere Schatten werden länger, und ab und zu liegt schon dicker Nebel.

Sollen wir hier noch einmal überwintern — und haben keinen Proviant? Sind wir gefangen, die wir in unserer blinden Liebe zum Land keine Gelegenheit wahrgenommen haben, es zu verlassen?

Für Europa verpatzt

Eines Tages tutet es draußen auf dem Meer. Wir erkennen die „Lyngen“, die uns begrüßt. Sie hat sich durchgearbeitet durch das Eis.

Halb Freude, halb Schmerz bemächtigt sich unser, denn nun kommt mein Abschied von Grohuk, um in die Heimat zurückzukehren. Mein Mann wird ein Stück Weges mit mir fahren, um im Sydgatt seine Kameraden zu treffen mit dem Kutter. Dort trennen sich unsere Wege. Nach beendetem Eismeerfang mit dem Kutter und der Verproviantierung der Winterstationen wird das Schiff im Herbst im Sydgatt an Land gezogen, und jeder der Jäger bezieht wieder seine einsame Winterhütte.

Ein Motorboot kommt zwischen den Schollen zu unserer Küste. Der Kapitän hat Wort gehalten, er holt uns selbst ab. Er und seine Leute helfen uns noch unser Jagdboot an Land ziehen und die Hütte sturmsicher verwahren.

Dann geht die Fahrt zwischen Eisschollen zum Dampfer. Der Maschinist kredenzt uns schon hier zur Wiedersehensfeier schwarzes Bier in Flaschen. Einige Seehunde begleiten neugierig unser Boot.

Unten, an der kleinen Schiffstreppe der „Lyngen“, stehen alle Frauen und umarmen mich, als sei jede einzelne meine eigene Mutter. Eine Stewardeß mit Dauerwellen und Häubchen lächelt über die zerlumpten Passagiere, die mit schwarzgebrannten Gesichtern und weißgebleichtem Windzeug, die Stiefel ausgelaugt von Meerwasser und Seehundblut der letzten Jagden, auf das Schiff kommen.

Tausend Fragen und tausend Neuigkeiten stürmen auf uns ein, wir fassen sie nicht. Das Schiff setzt sich in Bewegung, die Schiffsmaschinen dröhnen, und der Schiffsrumpf treibt mechanisch die

Schollen auseinander, auf denen die kleinen Alke und Teiste sitzen. Ängstlich fliegen die kleinen Vögel auf und lassen sich auf das unruhige Kielwasser fallen. Eine schwarze Rauchwolke wälzt sich über das Eis. Drüben auf Grohuk wird unsere Hütte klein und kleiner. Verständnislos schauen die Passagiere auf uns und unsere Liebe für das Land, das so schwarz und öde daliegt zwischen Nebel, Eis und Wasser.

Nein, die Arktis gibt ihr Geheimnis nicht her für den Preis einer Schiffskarte. Man muß hindurchgegangen sein durch die lange Nacht, durch die Stürme und die Zertrümmerung der menschlichen Selbstherrlichkeit. Man muß in das Totsein aller Dinge geblickt haben, um ihre Lebendigkeit zu erleben. In der Wiederkehr des Lichtes, im Zauber des Eises, im Lebensrhythmus der in der Wildnis belauschten Tiere, in der ganzen hier in Erscheinung tretenden Gesetzmäßigkeit alles Seins liegt das Geheimnis der Arktis und die gewaltige Schönheit ihrer Länder.

Etwas fremd sitzen wir im Speisesaal zwischen den Passagieren, die so poliert und gebügelt sind und sich brav unterhalten. Die Mayonnaisen und alle Pikanterien schmecken uns nicht mehr so gut wie ehemals.

Uns schräg gegenüber sitzt Björnes, der alte Überwinterer, in seiner dunkelblauen Fischerbluse. Er hat sich gestern von Bord aus einen Seehund geschossen, den er im Laderaum zerlegt hat. Nun hält er eine Seehundkeule in der Hand, von der er mit seinem Jagdmesser absäbelt. Er nimmt keine Notiz von den Mayonnaisen und noch viel weniger von den Passagieren. Er schaut nicht auf, aber er scheint zu fühlen, daß mein Mann und ich ihm zuschauen. Er ahnt meinen Abschiedsschmerz von der arktischen Wildnis, und als wollte er mir noch etwas Liebes erweisen, schneidet er ein großes Stück ab von dem schwarzen, trockenen Fleisch und reicht es mir herüber.

Nachwort

Seit dem Erscheinen meines Buches werde ich immer wieder gefragt, und dies meist von Frauen: „Wie konnten Sie die Polarnacht durchstehen?"

Diese Frage ist berechtigt, aber nicht leicht zu beantworten. Ich habe nämlich die Polarnacht fast *nicht* durchgestanden, nicht mit dem kleinen, begrenzten Menschenverstand. Es gibt da Überraschungen in der Weltferne und der langen Dunkelheit, denen man in socher tiefgründigen Eindeutigkeit sonst kaum begegnet. Unter anderem – wer weiß es, daß der Mensch in der totalen Einsamkeit, wo die Anregung und der Widerhall durch den Mitmenschen fehlt, schließlich an das Ende des eigenen Ichs gerät? Wo beginnt der Mensch, wo hört er auf? Wo ist das Leben? Keine Antwort, nichts. Mit Entsetzen ohnegleichen schaut er in seine eigene abgrundtiefe Leere.

Vielleicht muß sie fühlbar werden, diese letzte Verlassenheit, damit der Mensch zu Kreuze kriecht, um dann das Eigentliche zu erleben.

Es war kein Zufall, daß sich der tobende Sturm nach langem Alleinsein, nach einer Nacht der Verzweiflung, der Einsicht und Umkehr draußen legte. Als ich morgens aus der Hütte trat, da lagen die vereisten Gebirge und der Fjord in hellem Mondlicht in ergreifender Stille da. Alles bis in die fernsten Fernen war durchdrungen von einer fühlbaren höheren Gegenwart, in der es keine Furcht mehr gab. Von diesem Moment an war ich befreit. Die fühlbare Gegenwart eines Höheren hat mich nie mehr verlassen. Und *sie* war es, die mir die Ruhe und die Kraft gab, die Polarnacht in ihren Höhen und Tiefen zu schauen.

Leoben, im März 1978 Christiane Ritter

Heinrich Harrer

Sieben Jahre in Tibet

Ullstein Buch 32011

Safari bei Ullstein

Heinrich Harrer, Lehrer und Freund des Gottkönigs Dalai Lama, schildert in diesem weltberühmten Buch seine Erlebnisse in der ›Verbotenen Stadt‹ Lhasa, wo er sieben Jahre am Hof des Dalai Lama verbrachte.
Dieser erregende Bericht erschien mit Originalfotos von Heinrich Harrer in einer Gesamtauflage von 2,5 Millionen Exemplaren.
Er wurde in vierzig Sprachen übersetzt und ging als Film um die Welt. Auch das Fernsehen berichtete über die sensationellen Erlebnisse des einzigen Europäers am tibetanischen Königshof.
»Ein Einblick in die letzten Jahre des theokratischen Tibet.« (FAZ)

Thor Heyerdahl

Kon-Tiki

Ullstein Buch 3276

Safari bei Ullstein

Viele tausend Kilometer Ozean liegen zwischen Peru und Polynesien. Thor Heyerdahl wagt auf dem Floß Kon-Tiki die abenteuerliche Fahrt in die Südsee. Diese Expedition erfordert den ganzen Einsatz seiner Persönlichkeit. Gelingt ihm der Beweis für seine unorthodoxe Idee, daß die Kultur Polynesiens aus Südamerika stammt?

Der Brandt-Report

Bericht der Nordsüd-Kommission

Ullstein Buch 34102

Ullstein Sachbuch

Dies ist der Abschlußbericht der Unabhängigen Kommission für Entwicklungsfragen, der sogenannten Nord-Süd-Kommission. Sie wurde 1977 von Willy Brandt gegründet und hat seitdem unter seinem Vorsitz Arbeitstagungen abgehalten. Mit ihrem Bericht will die Kommission auf den Ernst der Lage in den Ländern der Dritten Welt aufmerksam machen und Lösungsmöglichkeiten dafür anbieten, daß die Zukunft im Interesse aller – auch der Industrienationen – sicherer und gerechter gestaltet wird.

Die ZEIT über den Brandt-Report: »In England ist er zum Bestseller geworden, hat die Bevölkerung alarmiert und die Regierung beunruhigt . . . In dem leicht lesbaren Bericht werden die großen Themenkreise gebündelt, über die die Menschheit sich verständigen muß, wenn es nicht zur Katastrophe kommen soll . . . Eine wichtige und zum Nachdenken anregende Bilanz.«

Joy
Adamson

Die Löwin Elsa und ihre Jungen

Mit 88 Abbildungen

Ullstein Buch 3322

Safari bei Ullstein

Durch den Film, das Fernsehen und eine Gesamtauflage von über zehn Millionen wurde dieser Bericht bekannt. In aller Welt nimmt man Anteil an dieser bewegenden Freundschaft zwischen Mensch und Tier. Joy Adamson und ihrem Mann gelang es, die junge Löwin Elsa aufzuziehen und zu ihrer Freundin zu machen. Dieser Tatsachenbericht beginnt damit, wie Elsa als stolze Mutter dreier Jungen aus dem Busch zurückkehrt.

Isaac Asimov

Drehmomente

Verblüffendes aus der modernen Forschung

Ullstein Buch 3330

Ullstein Sachbuch

Dem modernen Menschen vermittelt dieses Buch ein tieferes Verständnis für die Zusammenhänge der Natur. Amüsant und einleuchtend erläutert ein bekannter Biochemiker viele nur scheinbar selbstverständliche Phänomene. Was macht zum Beispiel das Wasser zu einem so einzigartigen Stoff und zur Grundlage des Lebens? Warum ist Euklids Geometrie nur ein Teil der Wahrheit? Wovon geht die größte Bedrohung für die Menschheit aus? Und was läßt sich dagegen tun? Verblüffend, manchmal schockierend, sind die Antworten, die Isaac Asimov gibt.

Dr. V. M. von Winter

Die Menschentypen

Die Psychologie der Tierkreiszeichen

Ullstein Buch 34081

Auf Grund jahrtausendealter astrologischer Erfahrung, der die jahreszeitlichen Einflüsse auf den Menschen und seine Charakterbildung immer bekannt gewesen sind, und unserer eigenen und neuesten Erkenntnisse wird hier eine kosmische Psychologie entworfen. Sie prophezeit zwar keine wundervollen Dinge, eröffnet aber sehr überraschende und erstaunliche Einblicke in das Wesen des Menschen: Den Tierkreiszeichen entsprechend, werden zwölf Charakterbeschreibungen gegeben, die nun jeder für sich, an sich selbst und seinen Mitmenschen nachprüfen kann. Und er wird feststellen, daß gewisse Typenähnlichkeiten zumindest in sehr vielen Fällen — nach den Untersuchungen des Verfassers in 8 von 10 Fällen — stimmen. Und daß, wenn der Mensch auch »frei« ist und es darauf ankommt, was er aus sich selber macht, er mit Hilfe dieser Erkenntnisse sich und seine Umwelt erheblich besser versteht.

Ullstein Sachbuch

Rüdiger
Nehberg

Drei Mann, ein Boot, der Blaue Nil

Mit zahlreichen Fotos

Ullstein Buch 34105

Ullstein Sachbuch

Rüdiger Nehberg, bekannt geworden als Überlebenskünstler in fremden Ländern und auf deutschen Straßen, berichtet in diesem ersten großen Expeditionsbericht über seine abenteuerliche Fahrt auf dem Blauen Nil. Nehberg demonstriert in diesem Buch, wie man als durch die Zivilisation geprägter Mensch auch extreme Situationen bewältigen kann.